AF626968

»Meerwärts spähend / bei weißer Sonne / ich seh sie springen / aus der salzigen / Schwere des Wassers – / Delphine« – schon seit dem Altertum üben die freundlichen, scheinbar ewig lächelnden und verspielten Tiere eine besondere Faszination auf den Menschen aus; ihnen wird sogar eine Art Seelenverwandtschaft mit dem Menschen angedichtet: »meine heimlichen Brüder«, nennt sie Peter Huchel im oben zitierten Gedicht »Delphine«.

Zahlreiche Mythen und Legenden aus den unterschiedlichsten Kulturen ranken sich um den Delphin. Nicht nur im Mittelmeerraum, bei den Griechen und Römern, wurde er verehrt, sondern auch in Asien, bei nordamerikanischen Indianerstämmen, am Amazonas oder in Australien, bei sogenannten primitiven Völkern ebenso wie in hochzivilisierten Kulturen. Und keinem anderen Lebewesen werden so viele positiven Eigenschaften zugeschrieben wie ihm: Er gilt als Freund des Menschen, symbolisiert Kraft, Lebensfreude, Kreativität und soziales Verhalten.

Die vorliegende Anthologie versammelt die schönsten Texte über den Delphin von der Antike bis zur Gegenwart: von Herodot, Rainer Maria Rilke, Ernst Penzoldt, Günter Grass, F. G. Jünger, Hilde Domin, Witold Gombrowicz, Jannis Ritsos, Odysseas Elytis und vielen anderen.

insel taschenbuch 2733

Von Delphinen

Fresko der Delphine aus dem Palast von Knossos

Von Delphinen

Geschichten, Gedichte und Bilder

Ausgewählt von Gesine Dammel

Insel Verlag

insel taschenbuch 2733
Originalausgabe
Erste Auflage 2001
© Insel Verlag Frankfurt am Main und Leipzig 2001
Alle Rechte vorbehalten, insbesondere das der Übersetzung,
des öffentlichen Vortrags sowie der Übertragung
durch Rundfunk und Fernsehen, auch einzelner Teile.
Kein Teil des Werkes darf in irgendeiner Form
(durch Fotografie, Mikrofilm oder andere Verfahren)
ohne schriftliche Genehmigung des Verlages
reproduziert oder unter Verwendung elektronischer Systeme
verarbeitet, vervielfältigt oder verbreitet werden.
Text- und Bildnachweise am Schluß des Bandes
Vertrieb durch den Suhrkamp Taschenbuch Verlag
Umschlag: Michael Hagemann
Satz: Hümmer GmbH, Waldbüttelbrunn
Druck: Konkordia, Bühl
Printed in Germany

1 2 3 4 5 6 – 06 05 04 03 02 01

Inhalt

Von Delphinen

Robert Gernhardt

Eugen Roth

Waltiere

In alter Zeit – es war einmal –
Da lebte noch im Wald der *Wal*;
Die Haut, vor weiß Gott wie viel Jahren,
War noch bedeckt mit dichten Haaren,
Er hatte Füße, gar mit Hufen:
Zum Seemann schien er nicht berufen.
Ob nun der Wal aus freier Wahl,
Ob nur gezwungen, sich zur Qual,
Gewöhnt sich hat, im Meer zu wohnen
Und obendrein in kalten Zonen,
Wo es nur Wasser gibt und Eis,
Gehört zu dem, was niemand weiß –
Obwohl wir, grad im Augenblick,
Viel wissen übern Moby Dick.

Zwei Sorten *Wal* sind zu erwähnen:
Die eine ist bewehrt mit Zähnen,
Die andere, schon mehr entartet,
Ist statt gezähnt, nur noch bebartet.
Doch Haare auf den Zähnen nie,
Gottlob, hat dieses Riesenvieh.
Der Bart, draus Fischbein wir gewinnen,
Wächst ihnen bloß im Maule, drinnen;
In hornigen Platten, tief und tiefer,
Hängt er im Schlund, vom Oberkiefer.
Versteinert trifft, nur noch als Mahnmal,
In den Museen man manchen *Zahnwal*.

Fossil ist meistens auch sein Zögling –
Bis auf den Entenwal, den *Dögling*.
Er taucht, wie auch der *Schweinsfisch*, munter
Bald einmal auf, bald einmal unter.
Ob Schwein, ob Fisch: auch wenn er schwimmt,
Ein Säu-getier ist er bestimmt,
Was sich ja daraus schon erklärt,
Daß er sein Kind an Brüsten nährt.
Der Laie nennt, nebst andern, ihn –
Den Schweinsfisch, kurzerhand *Delphin*.
Und in der Tat, er ist sein Vetter.
Sie beide ziehn bei schönem Wetter
Als unermüdliche Begleiter
Mit unsern Schiffen weit und weiter,
Und wem's vor Seekrankheit nicht kötzlich
Der findet's sehr ergötzlich, plötzlich,
Selbst spielend in dem Spiel der Wellen
Zu sehn die spielenden Gesellen.

Gefürchtet ist zwar oft der *Tümmler*
Als Heringsfresser, Netzverstümmler,
Doch tut, den Fischern zum Gewinste,
Lockspitzel- er und Bütteldienste
Und hilft, das wußten schon die Alten,
Die Heringszüge anzuhalten.

Arion war der Töne Meister,
Als Sänger Griechenland bereist' er.
Die bösen Schiffer von Korinth,
Die waren übel ihm gesinnt,

Beschlossen, wild nach seinen Schätzen,
Im offnen Meer ihn auszusetzen.
Da nahm auf seinen Rücken ihn
Und trug ihn heimwärts ein Delphin.

Delphine sieht man, mit dem Schnabel,
Und oft auch mit der Dreizackgabel
Neptuns – dem dieser Fisch geweiht –
Auf Städte-Münzen früher Zeit,
Von Delphi etwa – nicht von Husum.
Hingegen: »in *Delphini usum*«
Schlag nach – 's ist zu erklären schwierig –
Im Lexikon, wer drauf begierig. [...]

Konrad von Megenberg
Von dem Delphin

Delphinus heißt ein Delphin. Dieses Meertier hat kein Maul an der Stelle, wo andere Tiere es haben, denn es hat sein Maul entgegen der Art der Wassertiere unten am Bauch. Solinus sagt, daß sie ihre Zunge hin und her bewegen und daß sie eine spitz zulaufende Zunge haben, die scharf ist, die sich scharf und rauh anfühlt und viele kleine Erhöhungen hat. Wenn die Delphine zornig werden, erstarrt ihre Zunge und kommt aus ihren Mäulern hervor; aber wenn sie sich wieder beruhigen, dann wird die Zunge wieder an ihrem eigentlichen Ort eingeschlossen. Das Riechorgan der Delphine ist sehr versteckt, so daß man nicht sehen kann, womit sie riechen, denn sie haben keine Nase. Aber sie können sehr gut und genau riechen. Ein Wissenschaftler sagt, daß der Delphin hundertundvierzig Jahre mit abgehauenem Schwanz lebt. Sie hören sehr gerne lieblichen Gesang und Saitenspiel. Sie sind sehr schnell und haben keine Galle, wie Aristoteles sagt. Ein Wissenschaftler sagt auch, wenn ein Mensch, der das Fleisch eines Delphins gegessen hat, in das Meer fällt und die Delphine ihn bemerken, dann fressen sie ihn sofort. Wenn der Mensch aber kein Fleisch von dem Delphin ißt, dann tragen sie ihn aus dem Wasser an das Land und beschützen ihn vor den anderen Meertieren. Es geschah auch einmal, wie Albertus sagt, daß die Schiffer auf dem Meer einen Harfenspieler angriffen, der Arno hieß, und ihn ertränken wollten. Da bat dieser Harfenspieler die Schiffer, daß sie ihn ein bißchen auf der Harfe spielen ließen. Das geschah. Danach warfen sie den Harfenspieler in das Meer. Da kamen die Delphine, und einer nahm ihn auf seinen Rücken und trug ihn heraus an das Gestade.

Wenn ein Delphin gefangen wird, dann beweinen ihn die anderen, wic Plinius sagt, und wird er getötet, dann begraben ihn die anderen. Albertus sagt auch, daß sich ein merkwürdiges Geschehen zu der Zeit ereignete, als Kaiser Augustus lebte, denn da war ein Kind in dem Land Kampanien, das zwischen Rom und Neapel liegt. Dieses Kind lief stets an das Meer, wenn die Mutter ihm ein Stück Brot gab, und machte sich einen Delphin so zutraulich, daß er aus dem Wasser auf den Strand kam, und fütterte ihn schließlich mit seiner Hand. Nun setzte sich das Kind eines Tages auf den Rücken des Delphins; da trug er es viele Male auf das Meer hinaus und wieder an Land zurück. Als er nun das Kind eines Tages tot fand, das sein Spielgeselle gewesen war, da starb er aus hartem Kummer, was viele Leute sagen. Nun sagen einige, daß diese wunderlichen Dinge Lügen seien, und hören sich doch die größten Lügen von Riesen und Recken an, die ich je gehört habe. Und weil sie die wunderlichen Dinge nicht gesehen haben, glauben sie die nicht. Was soll ich mit denen? Ich schreibe, was ich weiß, für wen ich will und für den, der es hören will.

Herodot
Arion und der Delphin

Periandros, der Sohn des Kypselos, der Thrasybulos von dem Orakel in Kenntnis gesetzt hatte, war Tyrann von Korinth, und bei seinen Lebzeiten ereignete sich, wie die Korinther (und mit ihnen übereinstimmend auch die Lesbier) sagen, etwas sehr Wunderbares. Bei Tainaron nämlich wurde Arion aus Methymna, der erste Zitherspieler seiner Zeit, der meines Wissens auch zuerst einen Dithyrambos gedichtet und als solchen in Korinth eingeübt hat, von einem Delphin ans Land gesetzt.

Arion hatte sich, sagen sie, eine Zeit lang bei Periandros aufgehalten und dann entschlossen, nach Italien und Sizilien zu reisen, und darauf, nachdem er dort viel Geld erworben, die Rückreise nach Korinth angetreten. Bei der Abreise von Taras belegte er einen Platz auf einem korinthischen Schiffe, weil er besonderes Vertrauen zu den korinthischen Seeleuten hatte. Die aber verabredeten sich auf See, ihn über Bord zu werfen und sich sein Geld anzueignen. Als er das merkte, bat er sie, ihn leben zu lassen, sein Geld wolle er ihnen gern geben. Sie aber erhörten seine Bitte nicht, sondern befahlen ihm, sich entweder selbst das Leben zu nehmen, damit er im Trockenen begraben werden könnte, oder sogleich über Bord zu springen. Da bat er sie in seiner Not, wenn sie es durchaus wollten, ihm wenigstens zu gestatten, sein bestes Zeug anzulegen und sich auf die Ruderbank zu stellen und das Hohe Lied anzustimmen; danach wolle er sich auch selbst das Leben nehmen. Da die Leute den ersten Sänger seiner

Zeit gern auch einmal hören wollten, zogen sie sich vom Hinterteil des Schiffes nach der Mitte zurück. Er aber legte sein bestes Zeug an, ergriff die Zither, trat auf die Ruderbank und stimmte das Lied an. Wie er damit zu Ende war, stürzte er sich in seinem vollen Anzuge ins Meer. Nun fuhren die anderen weiter nach Korinth, ihn aber nahm ein Delphin auf und brachte ihn bei Tainaron ans Land. Von da ging er in dem Zeuge, das er anhatte, zu Fuß nach Korinth und erzählte dort, wie es ihm ergangen. Periandros aber, der ihm nicht glaubte, nahm ihn einstweilen in Gewahrsam und wartete auf die Seeleute. Als sie angelangt, ließ er sie kommen und erkundigte sich bei ihnen nach Arion. Aber als sie sagten, der wäre wohlbehalten in Italien, und sie hätten ihn in bestem Wohlsein in Taras verlassen, kam Arion in dem Anzuge, in dem er über Bord gesprungen, plötzlich zum Vorschein. Da wußten sie vor Schreck nicht, was sie sagen sollten, und gestanden ihre Schuld ein. So sagen die Korinther und die Lesbier; bei Tainaron ist auch ein kleines ehernes Weihgeschenk Arions, ein Mann auf einem Delphin.

Man brachte ihn in ein finsteres und feuchtes Gefängnis; neunzehn elende Menschen lagen dort auf Stroh umher und empfingen ihn als ihren Leidensgefährten mit rohem Gelächter und Verwünschungen gegen den Richter und den Kalifen. So schrecklich sein Schicksal vor ihm lag, so fürchterlich der Gedanke war, auf eine wüste Insel verbannt zu werden, so fand er doch noch einigen Trost darin, schon am folgenden Tag aus diesem schrecklichen Gefängnis erlöst zu werden. Aber er täuschte sich sehr, als er glaubte, sein Zustand auf dem Schiff werde besser sein. In den untersten Raum, wo man nicht aufrecht stehen konnte, wurden die zwanzig Verbrecher hinabgeworfen, und dort stießen und schlugen sie sich um die besten Plätze.

Die Anker wurden gelichtet, und Said weinte bittere Tränen, als das Schiff, das ihn von seinem Vaterland entführen sollte, sich zu bewegen anfing. Nur einmal des Tages teilte man ihnen ein wenig Brot und Früchte und einen Trunk süßen Wassers aus, und so dunkel war es in dem Schiffsraum, daß man immer Lichter herabbringen mußte, wenn die Gefangenen speisen sollten. Beinahe alle zwei, drei Tage fand man einen Toten unter ihnen, so ungesund war die Luft in diesem Wasserkerker, und Said wurde nur durch seine Jugend und seine feste Gesundheit erhalten.

Vierzehn Tage waren sie schon auf dem Wasser, als eines Tages die Wellen heftiger rauschten und ein ungewöhnliches Treiben und Rennen auf dem Schiff entstand.

Said ahnte, daß ein Sturm im Anzug sei; es war ihm sogar angenehm, denn er hoffte dann zu sterben.

Heftiger wurde das Schiff hin und her geworfen, und endlich saß es mit schrecklichem Krachen fest. Geschrei und Geheul scholl von dem Verdeck herab und mischte sich mit dem Brausen des Sturmes. Endlich wurde es wieder stille, aber zu gleicher Zeit entdeckte auch einer der Gefangenen, daß das Wasser in das Schiff eindringe. Sie pochten an der Falltüre nach oben, aber man antwortete ihnen nicht. Als daher das Wasser immer heftiger eindrang, drängten sie sich mit vereinigten Kräften gegen die Türe und sprengten sie auf.

Sie stiegen die Treppe hinan, aber oben fanden sie keinen Menschen mehr. Die ganze Schiffsmannschaft hatte sich in Böten gerettet. Jetzt gerieten die meisten Gefangenen in Verzweiflung, denn der Sturm wütete immer heftiger, das Schiff krachte und senkte sich. Noch einige Stunden saßen sie auf dem Verdeck und hielten ihre letzte Mahlzeit von den Vorräten, die sie im Schiff gefunden, dann erneuerte sich auf einmal der Sturm, das Schiff wurde von der Klippe, worauf es fest saß, hinweggerissen und brach zusammen.

Said hatte sich am Mast angeklammert und hielt ihn, als das Schiff geborsten war, noch immer fest. Die Wellen warfen ihn hin und her; aber er hielt sich, mit den Füßen rudernd, immer wieder oben. So schwamm er in immerwährender Todesgefahr eine halbe Stunde, da fiel die Kette mit dem Pfeifchen wieder aus seinem Kleid, und noch einmal wollte er versuchen, ob es nicht töne. Mit der einen Hand klammerte er sich fest, mit der andern setzte er es an seinen Mund, blies, ein heller, klarer Ton erscholl, und augenblicklich legte sich der Sturm, und die Wellen glätteten sich, als hätte man Öl darauf ausgegossen. Kaum hatte er sich mit leichterem Atem umgesehen, ob er nicht irgendwo Land erspähen könnte, als der Mast unter ihm sich auf eine sonderbare Weise auszudehnen und zu bewegen anfing, und zu seinem nicht geringen Schrecken nahm er wahr, daß er nicht mehr auf Holz, sondern auf einem ungeheuren Delphin reite; nach einigen Augenblicken aber kehrte seine Fassung zurück, und da er sah, daß der Delphin zwar schnell, aber ruhig und gelassen seine Bahn fortschwimme, schrieb er seine wunderbare Rettung dem silbernen Pfeifchen und der gütigen Fee zu und rief seinen feurigsten Dank in die Lüfte.

Pfeilschnell trug ihn sein wunderbares Pferd durch die Wogen, und noch ehe es Abend wurde, sah er Land und erkannte einen breiten Fluß, in welchen der Delphin auch sogleich einbog. Stromaufwärts ging es langsamer, und um nicht verschmachten zu müssen, nahm Said, der sich aus alten Zaubergeschichten erinnerte, wie man zaubern müsse, das Pfeifchen heraus, pfiff laut und herzhaft und wünschte sich dann ein gutes Mahl. Sogleich hielt der Fisch stille, und hervor aus dem Wasser tauchte ein Tisch, so wenig naß, als ob er acht Tage an der Sonne gestanden wäre, und reich besetzt mit köstlichen Speisen. Said griff weidlich zu, denn seine Kost während seiner Gefangenschaft war schmal und elend gewesen, und als er sich hinlänglich gesättigt hatte, sagte er Dank, der Tisch tauchte nieder, er aber stauchte den Delphin in die Seite, und sogleich schwamm dieser weiter den Fluß hinauf.

Die Sonne fing schon an zu sinken, als Said in dunkler Ferne eine große Stadt erblickte, deren Minaretts ihm Ähnlichkeit mit denen von Bagdad zu haben schienen. Der Gedanke an Bagdad war ihm nicht sehr angenehm, aber sein Vertrauen auf die gütige Fee war so groß, daß er fest glaubte, sie werde ihn nicht wieder in die Hände des schändlichen Kalum-Beck fallen lassen. Zur Seite, etwa eine Meile von der Stadt und nahe am Fluß, erblickte er ein prachtvolles Landhaus, und zu seiner großen Verwunderung lenkte der Fisch nach diesem Hause hin.

Auf dem Dach des Hauses standen mehrere schön gekleidete Männer, und am Ufer sah Said eine große Menge Diener, und alle schauten nach ihm und schlugen vor Verwunderung die Hände zusammen. An einer Marmortreppe, die vom Wasser nach dem Lustschloß hinaufführte, hielt der Delphin an, und kaum hatte Said einen Fuß auf die Treppe gesetzt, so war auch schon der Fisch spurlos verschwunden. Zugleich eilten einige Diener die Treppe hinab und baten im Namen ihres Herrn, zu ihm hinauf zu kommen, und boten ihm trockene Kleider an. Er kleidete sich schnell um und folgte dann den Dienern auf das Dach, wo er drei Männer fand, von welchen der größte und schönste ihm freundlich und huldreich entgegenkam. »Wer bist du, wunderbarer Fremdling«, sprach er, »der du die Fische des Meeres zähmst und sie links und rechts leitest wie der beste Reiter sein Streitroß? Bist du ein Zauberer oder ein Mensch wie wir?«

»Herr!« antwortete Said, »mir ist es in den letzten Wochen schlecht ergangen; wenn Ihr aber Vergnügen daran findet, so will ich Euch erzählen.« Und nun hub er an und erzählte den drei Männern seine Geschichte, von dem Augenblick an, wo er seines Vaters Haus verlassen hatte, bis zu seiner wunderbaren Rettung.

Gottlieb Konrad Pfeffel

Der Fischer und der Delphin

Ein Fischer fuhr an einen Felsen an.
Auf einmal barst sein kleiner Kahn
Und splitterte wie sprödes Glas in Stücken.
Er war dem bängsten Tode nah,
Als ihn ein frommer Delphin sah;
Der schwamm herbei, er lud ihn auf den Rücken
Und trug ihn glücklich an den Strand.

Schnell zog der Fischer ihn ans Land
Und sprach mit gnadenreichen Blicken:
Dein Schicksal ist in meiner Hand;
Doch zum Beweis, daß auch wir Menschen edel denken,
So will ich dir das Leben schenken.

Ch'en Pi-chiao, ein armer Mann aus Peking, fand sich einen Posten als Sekretär im Gefolge eines hohen militärischen Würdenträgers namens Chia. Als sie einmal auf den Tungt'ing See vor Anker lagen, sahen sie einen Delphin an der Oberfläche des Wassers schwimmen. General Chia nahm seinen Bogen, schoß nach dem Fisch und verletzte ihn am Rücken. Ein anderer Fisch hatte sich an den Schwanz des Delphins gehängt, ließ nicht los und wurde darum mit ihm aus dem Wasser gezogen und am Mast befestigt. Da lagen sie nun keuchend, der Delphin mit offenem Maul, als flehte er um sein Leben, bis schließlich der junge Ch'en den General bat, die Fische wieder frei zu lassen. Sodann befestigte er, halb im Scherz, ein Pflaster auf der Wunde des Delphins und ließ sie wieder ins Wasser werfen. Man sah sie noch einige Zeit in den Wellen verschwinden, auftauchen und wieder verschwinden.

Etwa ein Jahr später überquerte Ch'en wiederum auf seinem Weg nach Hause den Tung-t'ing See, als sein Schiff durch eine Sturmbö zum Kentern gebracht wurde und er sein Leben nur retten konnte, indem er sich an eine Bambus-Kiste klammerte. Die Kiste trug ihn die ganze Nacht, bis sie vom überhängenden Zweig eines Baumes am Ufer hängen blieb, so daß Ch'en an Land kriechen konnte. Bald darauf kam ein anderer Körper geschwommen und es stellte sich heraus, daß es sein Diener war. Ch'en zog ihn an Land, fand aber kein Leben in ihm.

Verzweifelt saß er da, um zu warten, und sah die wunderschönen grünen Hügel und die wogenden Weidenzweige, aber kein einziges menschliches Wesen, das er nach dem Weg hätte fragen können. Von der frühen Dämmerung bis zum späten Morgen verblieb er in diesem Zustand. Dann vermeinte er zu sehen wie sich der Körper seines Dieners bewegte. Er streckte seine Hand aus, um ihn zu befühlen, da erbrach der Mann mehrere Liter Wasser und erwachte zu Bewußtsein. Nun trockneten sie ihre Kleider in der Sonne und am Mittag konnten sie dieselben anziehen. Zu dieser Zeit begannen sich die ersten Anzeichen von Hunger bemerkbar zu machen und so machten sie sich auf, über die Hügel zu klimmen, in der Hoffnung, eine menschliche Behausung zu erreichen.

Als sie so gingen, sauste ein Pfeil vorbei und im nächsten Augenblick stürzten zwei junge Damen auf Rossen vorbei. Jede von ihnen hatte ein scharlachrotes Band um die Stirne mit einem Band von Fasanfedern im Haar, mit purpurnen Reitjacken mit engen Ärmeln zusammengehalten durch einen gestickten grünen Gürtel um die Hüften. Eine von ihnen trug eine Armbrust, mit der sie Kugeln schießen konnte, die andere hatte auf ihrem Arm ein Futteral für Bogen und Pfeile. Als er den Gipfel des Hügels erreichte, sah Ch'en eine Anzahl von Reitern dabei, das umgebende Dickicht zu durchkämmen, alle von ihnen wunderschöne Mädchen in der gleichen Kleidung. Ängstlich, weiter voranzukommen, befragte er einen jungen Mann, der zum Gefolge zu gehören schien, und dieser berichtete ihm, daß es eine Jagdgesellschaft aus dem Palast war. Sodann, nachdem er ihn aus seiner Tasche mit Essen versorgt hatte, empfahl er ihm, sich schnell zu entfernen, denn wenn er auf sie stieße, würden sie ihn gewiß töten. Worauf Ch'en eiligst verschwand und sich in ein dichtes Unterholz schlug, in dem er ein Gebäude sah, das er für ein Kloster hielt. Als er näher kam, sah er, daß der ganze Platz von einer Mauer umgeben war und zwischen ihm und einem halb offenen, roten Tor rann ein Bach, den eine Steinbrücke überquerte. Als er das Tor öffnete, erblickte er eine Anzahl von Ziergebäuden im Kreis in die Luft ragend wie Wolken, die den kaiserlichen Lust-Gefilden ähnelten. In der Vorstellung, daß es sich um den Park einer hohen Persönlichkeit handeln müsse, trat er lautlos ein und genoß den feinen Duft der Blumen, während er die Pflanzen teilte, die ihn am Fortschreiten hinderten. Nachdem er einen gewundenen Pfad, der von einem Gelände eingefaßt war, durchquert hatte, erreichte Ch'en eine zweite Einzäumung, innerhalb deren eine Anzahl von hohen Weiden die roten Dachrinnen der Gebäude mit ihren Zweigen streiften. Der Ruf eines Vogels schien die Blütenblätter der Blumen in die Luft aufsteigen zu lassen und der leiseste Windhauch brachte die Samengefäße der Ulmen zum Heruntersinken. Die Wirkung dessen auf Auge und Herz des Betrachters war gleichsam unbekannt in der Welt der Sterblichen.

Nachdem sie einen kleinen Kiosk durchschritten hatten, gelangten Ch'en und sein Diener zu einer Schaukel, die geradezu von den Wolken herabzuhängen schien. Die Seile verharrten bewegungslos in der umfassenden Stille, die alles beherrschte. Da er dachte, daß sie sich den Damen-Gemächern näherten, wollte Ch'en gerade umkehren, als er das Geräusch von Pferdehufen am Tor hörte und was das Gelächter einer Schar von Mädchen schien.

Ankunft im Hafen,
von Delphinen begleitet

Er versteckte sich mit seinem Diener in einem Gebüsch. Als das Geräusch näher kam, hörte er eines der Mädchen sagen: »Das war eine armselige Jagd heute.« Worauf eine andere ausrief: »Hätte die Prinzessin nicht die Wildgans geschossen, wir wären ganz vergeblich draußen gewesen.«

Kurz darauf kam eine Anzahl rot gekleideter Mädchen im Gefolge einer jungen Dame, die unter dem Kiosk Platz nahmen. Sie trug ein Jagdkostüm mit straffen Ärmeln und war etwa vierzehn oder fünfzehn Jahre alt. Ihr Haar glich einer Nebelwolke auf ihrem Kopf und ihre Hüften waren so schmal, daß ein Windhauch fähig schien, sie zu zerbrechen. Sie war von unvergleichbarer Schönheit sogar verglichen mit älteren Berühmtheiten. Gerade da reichten ihr nun ihre Dienerinnen eine Tasse fein duftenden Tees und standen glitzernd rings um sie wie ein Ring von kostbarer Stickerei. Nach einigen Augenblicken stand die junge Dame auf, verließ den Kiosk. Da rief eine ihrer Dienerinnen: »Sind ihre Hoheit zu müde vom Reiten, um die Schaukel zu versuchen?« Die Prinzessin erwiderte, daß sie keineswegs zu müde sei und sofort faßten sie einige unter den Schultern und an den Armen, strichen ihren Rock glatt und hoben ihre Füße auf. So halfen sie ihr in die Schaukel, während sie selbst ihre leuchtenden Arme ausstreckte und ihre Füße in ein Paar von Pantoffeln schlüpften. Sodann schwang sie davon, leicht wie eine fliegende Schwalbe, weit empor in die flockigen Wolken. Als sie genug hatte, halfen ihr ihre Dienerinnen heraus und eine von ihnen rief: »Wahrhaftig, ihre Hoheit sind ein vollkommener Engel.« Darüber lachte die junge

Dame und ging davon und Ch'en starrte ihr benommen nach, bis schließlich die Stimmen verklangen und er und sein Diener aus dem Gebüsch krochen.

Während er um die Schaukel ging, erspähte er ein rotes Taschentuch nahe am Zaum, von dem er wußte, daß eine der jungen Damen es verloren hatte und indem er es freudig in seinen Ärmel steckte, ging er in den Kiosk. Hier lag Schreibzeug auf einem Tisch und indem er das Taschentuch herausnahm, schrieb er folgende Zeilen darauf:

Welche göttliche Form hat grad hier nah gespielt
Sie war's, ich weiß, (ich vertraue), von »Goldlilien«?
Ihr' Reiz beschämt die hellen (hübschen)
Mondbewohner
Ihre zauberhaften Schritte führen in den Himmel.

Indem er die Strophe vor sich hin summte, ging Ch'en weiter auf der Suche nach dem Pfad, auf dem er gekommen war, aber jedes Tor war fest verschlossen und er wußte nicht, was tun. So ging er zurück zum Kiosk, als plötzlich eine der jungen Damen erschien und ihn erstaunt fragte, was er hier suche.

»Ich habe meinen Weg verloren«, erwiderte Ch'en, »und ich bitte Sie, mir zu helfen.«

»Haben Sie vielleicht ein rotes Taschentuch gefunden?« fragte das Mädchen.

»Tatsächlich, das habe ich«, antwortete Ch'en »aber ich fürchte, ich habe es etwas beschmutzt.« Und damit holte er es hervor und reichte es ihr.

»Verworfener Mensch!« rief das Mädchen, »Sie sind

verloren. Dieses Taschentuch wird von der Prinzessin dauernd benutzt, und Sie haben es ganz vollgeschmiert. Was soll nun aus Ihnen werden?«

Ch'en war in großer Furcht und bat die junge Dame, ein gutes Wort für ihn einzulegen, worauf sie erwiderte: »Es war arg genug, daß Sie hier herkamen, um zu spionieren. Doch da Sie ein Gelehrter und ein Mann von feiner Bildung sind, wäre ich bereit gewesen, mein Bestes für Sie zu tun. Aber nach all dem, was kann ich da tun, um zu helfen?«

Sie lief mit dem Taschentuch davon, während Ch'en in Angst und Zweifel zurückblieb und sich die Flügel eines Vogels wünschte, die ihn von seinem Geschick forttragen könnten. Nach einiger Zeit kehrte das junge Mädchen zurück und beglückwünschte ihn: »Es gibt Hoffnung für Sie! Die Prinzessin hat Ihre Verse mehrere Male gelesen und war gar nicht zornig. Sie werden wahrscheinlich entlassen werden, aber in der Zwischenzeit warten Sie hier. Klettern Sie nicht auf die Bäume oder versuchen Sie nicht, durch die Mauern zu gelangen, sonst mögen Sie trotzdem nicht entkommen.«

Es wurde Abend und Ch'en war nicht sicher, was nun geschehen würde. Gleichzeitig fühlte er sich innerlich völlig leer und mit seinem Hunger und seiner Angst dazu, sogar der Tod wäre fast eine glückliche Erleichterung gewesen. Es dauerte indessen nicht lange, da kehrte die junge Dame mit einer Lampe in ihrer Hand zurück, gefolgt von einer Sklavin, die Wein und Essen trug und beides Ch'en anbot. Der fragte, ob es Neuigkeiten in Hinblick auf ihn selbst gäbe. Die junge Dame erwiderte, daß sie ihn der Prinzessin gegenüber erwähnt hätte, die nicht wußte, was sie zu so später Stunde mit ihm tun sollte und den Auftrag gab, daß er sofort Essen erhalten sollte. »Das sind jedenfalls«, fügte sie hinzu, »keine schlechten Neuigkeiten.«

Ch'en ging die ganze Nacht auf und ab, unfähig zu schlafen. Erst am späten Morgen erschien dieselbe junge Dame wieder mit Essen für ihn. Noch einmal flehte er sie an, für ihn einzutreten. Allein sie sagte ihm, daß die Prinzessin noch keine Anweisungen gegeben hätte, ob er zu töten oder frei zu lassen sei, und daß es unpassend für sie wäre, die Prinzessin mit Vorschlägen zu belästigen. So blieb Ch'en da, bis beinahe ein ganzer weiterer Tag fast vergangen war. Er hoffte auf den befreienden Augenblick. Da kam die junge Dame gelaufen und berichtete aufgeregt: »Sie sind verloren! Jemand hat der Königin alles erzählt und sie hat voll Zorn das Taschentuch zu Boden geworfen und hat sich heftiger Worte bedient. Oh Gott! Oh Gott! Ich bin sicher, daß sich etwas Schreckliches ereignen wird.«

Ch'en fiel auf die Knie, sein Gesicht war aschfahl, und er bat, ihn zu sagen, was er tun solle. In diesem Augenblick hörte man draußen Geräusche und die junge Dame winkte ihm und lief fort. Sogleich kam eine Gruppe von Menschen durch die Tür mit Stricken, um den Gegenstand ihrer Suche zu binden. Unter ihnen war auch die Sklavin, die unseren Helden gebannt anblickte und sodann ausrief: »Sie sind gewiß Herr Ch'en, nicht wahr?« Damit gebot sie den anderen Einhalt, bis sie der Königin Bericht erstattet habe.

Einige Minuten später kam sie zurück und sagte, die Königin fordere ihn auf, hinein zu ihr zu kommen. So ging er denn hinein, durch eine Anzahl von Türen, voll von Furcht, bis er einen Saal erreichte, vor welchem ein Vorhang, geschmückt mit grüner Borde und Silber war. Ein wunderschönes Mädchen öffnete den Bambusvorhang und meldete: »Herr Ch'en.« Er ging vorwärts und fiel nieder vor einer Dame, die auf einem überdeckten Thron auf der anderen Seite des Saales saß. Indem er seinen Kopf gegen den Boden schlug, rief er aus: »Euer Diener ist aus einem fernen Land. Schont, oh schont sein Leben.«

»Mein Herr«, erwiderte die Königin, indem sie sich rasch von ihrem Sitz erhob und ihre Hand nach Ch'en ausstreckte, »ohne sie wäre ich heute nicht hier. Ich bitte Sie, die Roheit meiner Mädchen zu vergeben.«

Daraufhin wurde eine großartige Mahlzeit serviert und Wein ausgeschenkt in ziselierten Kelchen, zum nicht geringen Erstaunen von Ch'en, der nicht verstehen konnte, weshalb er so behandelt wurde.

»Ihre Güte, mir mein Leben wieder zu geben«, bemerkte die Königin, »kann ich unmöglich wett machen. Jedoch, da Sie meine Tochter zum Gegenstand Ihrer Verse gemacht haben, ist der Ausgleich eindeutig durch das Schicksal bestimmt worden und ich werde sie Ihnen als Magd mitgeben.«

Ch'en wußte nicht, was er von diesen außerordentlichen Erfüllungen seiner Wünsche halten sollte, aber die Hochzeit wurde sofort an Ort und Stelle gefeiert. Musikkapellen spielten Hochzeitsmärsche, wundervolle Teppiche wurden ausgelegt, auf denen sie dahin schritten und der ganze Palast war auf das herrlichste erleuchtet durch eine Überfülle von farbigen Lampen. Ch'en sagte zur Prinzessin: »Daß ein verirrter und unbekannter Reisender wie ich, schuldig das Taschentuch Eurer Hoheit verdorben zu haben, dem verdienten Schicksal entrann, war schon weit mehr als erwartet werden konnte. Aber dich nun zur Hochzeit zu erhalten, das übertrifft wahrhaftig meine unglaublichsten Erwartungen.«

»Meine Mutter,« erwiderte die Prinzessin, »ist mit dem König dieses Sees verheiratet und sie ist selber die Tochter des Fluß-Prinzen. Im letzten Jahr, als sie auf dem Weg war, ihre Eltern zu besuchen, überquerte sie den See und wurde durch einen Pfeil verwundet. Aber du hast ihr Leben gerettet und ein Pflaster auf ihre Wunde gedrückt. Unsere Familie ist dir darum dankbar und hat diese gute Tat niemals vergessen. Der Drachen-König hat mir das Elexier der Unsterblichkeit verliehen, und ich will es freudig mit dir teilen.«

Da wußte Ch'en, daß seine Frau ein Geist war und schließlich fragte er, wieso die Sklavin ihn erkannt hätte. Sie antwortete, daß die Sklavin der kleine Fisch gewesen war, der am Schwanz des Delphins hing. Sodann fragte er, nachdem sie nicht vorgehabt hätten, ihn zu töten, weshalb sie ihn so lange als Gefangenen gehalten hätten.

»Ich war bezaubert von deiner dichterischen Gabe«, antwortete die Prinzessin, »aber ich wagte es nicht, die Verantwortung selbst zu übernehmen. Niemand hat es gesehen, wie ich mich in dieser einen, endlos langen Nacht rastlos herumwarf.«

»Liebe Freundin« sagte Ch'en, »sag mir doch auch, wer mir das Essen gebracht hat.«

»Eine verläßliche Dienerin von mir«, erwiderte die Prinzessin. »Ihr Name ist A-mien.« Dann fragte Ch'en, wie er sich ihr erkenntlich zeigen könnte. Die Prinzessin versicherte ihm, daß viel Zeit sei, sich das zu überlegen. Und als er fragte, wo der König, ihr Vater, wäre, da sagte sie ihm, daß dieser gemeinsam mit dem Kriegs-Gott im Kampf gegen einen rebellierenden Häuptling stünde und noch nicht zurückgekehrt sei.

Einige Tage vergingen und Ch'en begann sich Gedanken zu machen, ob seine Verwandten daheim nicht in Sorge um ihn seien. Darum schickte er seinen Diener mit einem Brief an sie ab, in dem er ihnen mitteilte, daß er gesund und wohlauf sei. Sie waren überglücklich, denn sie hatten ihn im Wrack des gekenterten Schiffes verloren geglaubt. Die Nachricht von dem Schiffsunglück hatte sie nämlich schon erreicht gehabt. Sie konnten ihm jedoch keine Antwort senden und waren bekümmert, da sie nicht wußten, wie er seinen Weg nach Hause finden würde.

Sechs Monate später erschien Ch'en selbst in vornehmern Kleidern und auf einem hervorragenden Pferd, mit viel Geld und kostbaren Juwelen in der Tasche – offenkundig ein Mann von Reichtum. Von dieser Zeit an führte er einen glänzenden Haushalt und wurde in sieben oder acht Jahren der Vater von fünf Kindern. Jeden Tag hielt er gastfreies Haus und wenn ihn jemand über seine Abenteuer fragte, so gab er offen und ohne Rückhalt Auskunft.

Einmal war sein Jugendfreund Liang, der einige Jahre einen Posten in Nann-fu ausgeübt hatte, auf seinem Weg nach Hause und überquerte den Tung-t'ing See, als er plötzlich eine geschmückte Barke erblickte, mit kostbarem Schnitzwerk und roten Fenstern, die über die Schaumwellen glitt zum Klang von Musik und Gesang darinnen. Gerade in diesem Augenblick beugte sich eine wunderschöne Dame aus einem der Fenster, das sie geöffnet hatte, und Liang erblickte einen jungen Mann in nachlassiger Haltung, während zwei hübsche Mädchen ihm den Rücken einrieben. Liang dachte zuerst, es müsse sich um die Gesellschaft eines hohen Würdenträgers handeln, und war überrascht über die geringe Anzahl von Dienern. Als er aber genauer hinblickte, erkannte er, daß der junge Mann, den er sah, niemand anderes war als sein alter Freund Ch'en. Daraufhin begann er fast mechanisch ihn zu rufen. Als Ch'en seinen Namen hörte, gebot er den Ruderern einzuhalten und lud ihn ein, auf sein Schiff zu kommen. Die Überreste des Festes wurden rasch beseitigt und neue Vorräte an Wein, Tee und kostbarem Essen wurden von Sklavinnen verteilt. – »Es ist jetzt zehn Jahre her, seit wir uns zum letzten Mal trafen«, sagte Liang, »und was für ein reicher Mann bist du in der Zwischenzeit geworden.«

»Ja glaubst du«, antwortete Ch'en, »daß dies wirklich so ungewöhnlich ist für einen armen Kerl, wie ich es bin?«

Liang fragte ihn sodann, wer die Dame sei, mit der er Wein trank, und Ch'en sagte, das sei seine Frau. Dies überraschte Liang sehr und er fragte weiter, wohin sie fuhren.

»Nach Westen«, antwortete Ch'en und verhinderte weitere Fragen, indem er der Musik ein Zeichen gab, so daß alle weitere Konversation schweigen mußte. Allmählich fühlte Liang, wie ihm der Wein zu Kopf stieg, und er ergriff die Gelegenheit, um Ch'en zu ersuchen, ihm eine der hübschen Sklavinnen zum Geschenk zu machen.

»Du bist betrunken, mein Freund«, antwortete Ch'en, »doch will ich dir den Preis von einer als Pfand unserer alten Freundschaft geben.« Und indem er sich an einen Diener wandte, gab er den Auftrag, Liang eine kostbare Perle auszuhändigen.

»Jetzt kannst du damit eine Sklavin so schön wie die berühmte Schönheit ›grüne Perle‹ kaufen. Du siehst, ich bin nicht geizig.« Worauf er hinzufügte: »Aber ich bin in Eile und ich kann nicht länger bei dir bleiben, mein Freund.« Damit begleitete er Liang zurück zu dessen Schiff und nachdem das Seil eingezogen ward, setzte er seinen Weg fort.

Als Liang daheim anlangte und Ch'ens Haus besuchte, da sah er Ch'en selbst, der mit Freunden beim Trunk saß.

»Ich habe dich doch erst gestern gesehen«, rief Liang. »Es war auf dem Tung-t'ing See. Wie schnell bist zu zurückgekehrt!«

Ch'en bestritt dies. Worauf Liang die ganze Geschichte wiederholte und Ch'en lachte und sprach: »Du mußt dich irren. Glaubst du, ich kann an zwei verschiedenen Orten zur selben Zeit sein?«

Die ganze Gesellschaft war erstaunt und wußte nicht, was sie davon halten sollte. Später, als Ch'en starb im

Alter von achtzig und wurde zu Grabe getragen, erschienen die Träger mit einem Sarg, der verdächtig leicht war. Als sie ihn öffneten, fanden sie, daß der Körper verschwunden war.

Äsop
Der Affe und der Delphin

Auf einem Schiffe, welches im Sturme unterging, befand sich auch ein Affe. Als nun die Menschen ihr Leben durch Schwimmen zu retten suchten und der Affe aus Gesellschaft ein Gleiches tat, nahm ihn ein Delphin, der ihn für einen Menschen ansah, auf den Rücken und schwamm mit ihm nach dem Lande zu. Als er ihn nun bis in eine sichre Anfurt, welche *Pyräus* hieß, gebracht hatte, fragte er den Affen: ob er *Athenienser* sei? Jawohl, sagte der Affe, und noch dazu aus einer sehr alten Familie. Also wirst du doch wohl den *Pyräus* kennen, fuhr der Delphin fort. O ganz genau, erwiderte jener und bildete sich ein, es sei der Name eines Mannes. *Pyräus* ist einer von meinen vertrautesten Freunden. Über diese Unverschämtheit des abgeschmackten Affen ward der Delphin unwillig; er fuhr ihm auf einmal unter den Beinen weg, und der vorgegebene *Athenienser* mußte ersaufen.

Aelian
Über die Natur der Tiere

Es scheint, daß selbst Delphine mehr als die Menschen darauf sehen, ihre Dankbarkeit zu zeigen... Als Coeranus aus Paros [der einst eine Gruppe von Delphinen in die Freiheit entlassen hatte] starb, wurde sein Leichnam am Meer verbrannt. Woraufhin die Delphine... sich versammelten, als gehörten sie zur Trauergemeinde. Und sie blieben dort, solange der Holzstoß brannte, so wie ein treuer Freund dem Freunde die letzte Ehre erweist. Als das Feuer heruntergebrannt war, schwammen sie von dannen.

Menschen dagegen sind den Reichen und Wohlhabenden unterwürfig, solange jene leben. Doch sind sie tot oder befällt sie ein Mißgeschick, wenden sie sich von ihnen ab, damit sie ihnen früher empfangene Wohltaten nicht vergelten müssen.

Es scheint, daß Delphine sogar ihren Toten Achtung bezeigen und ihre Gefährten keineswegs im Stiche lassen, wenn diese von hinnen scheiden. Zumindest schieben sie sich unter den Toten und tragen ihn ans Ufer, in der Gewißheit, daß Menschen ihn bestatten werden. Aristoteles legt davon Zeugnis ab. Und eine Gruppe von Delphinen folgte ihnen, um dem Toten die Ehre zu erweisen; zuweilen kämpfen sie sogar, um den Leichnam zu beschützen, daß kein großer Raubfisch herbeieile, ihn ergreife und verschlinge. Alle rechtschaffenen Menschen, die Musik lieben, begraben tote Delphine aus Respekt vor deren Liebe zur Musik.

Doch all jene, denen, wie es heißt, die Musen und die Grazien fern sind, machen sich nichts aus Delphinen. Und so, geliebte Delphine, müßt ihr den Menschen ihre grausame und primitive Natur nachsehen.

Joseph Victor von Scheffel
Der Delphin

Cap Campanella war umschifft
Und nach Salerno ging's
Amalfis Küste, steilumrifft
Stand hoch und duftig links.
Die Barkenführer, kurzbehost
Und halbnackt, scherzten roh
Und sangen als Matrosentrost:
»'Sta sera Makkaró!« *

Im Salzhauch badend Haupt und Brust,
Die Seele ätherklar,
Genossen wir der Meerfahrt Lust
Ein Pästumpilgernd Paar.
Wir grüßten Flut und Abendrot
In lautem Jubilo
Und grüßten auch das Abendbrot:
»'Sta sera Makkaró«

* Questa sera maccaroni! Heute abend gibt's Makkaroni! Ein elektrisch die ermüdeten Kräfte anspornender, moralisch nachhaltiger Selbstzuspruch neapolitanischer Seeleute.

Wie bei Arions Zitherspiel
Versammelte sich bald
Ein Schwarm Delphine um den Kiel,
Spitzköpfiger Gestalt.
Hei wunderseltsam Meergeleit!
Sie purzelbaumten froh,
Als kennten sie des Spruchs Bedeut:
»'Sta sera Makkaró!«

Vor allen einer aus der Zahl
Schien sanft auf uns erpicht
Und schnaubte seinen Wasserstrahl
Dem Bootsmann ins Gesicht.
Doch der verstand die Freundschaft schief,
Griff 's Ruder … he, hoiho!! …
Und schlug's ihm um den Kopf und rief:
»'Sta sera Makkaró!«

Spät sah das Boot Salermos Strand,
Fein war die Trattorie,
Ein Berg von Makkaroni stand
Vor uns, schneeweiß wie nie.
Die Schiffer lobten Schmaus und Wirt,
Wir Pilger ebenso …
Nur der Delphinus war blamiert …
»'Sta sera Makkaró!«

Doch als das Meer phosphorisch schien
In mitternächtigem Schein,
Da war's, als schau' uns der Delphin

Raffael, Triumph der Galathea

Vom Golf zum Fenster 'rein.
Giftstachlig saugten unser Blut
Mordschnake, Wanz' und Floh ...
Er aber lacht' aus kühler Flut:
»'Sta sera Makkaró!«

Odysseas Elytis

Das Delphinenmädchen

Bei Hydra dort bei Spetses auf dem offenen Meer
schau, ein Delphinenmädchen schwimmt dort vor mir her

– Mein Liebchen sag ich ihr, wo ist dein Leibchen denn
gehst du so nackend los, nach deinem Schatz zu sehn?

– Ich hab keinen Schatz von ihr entgegnet wird
dreh eine Runde nur, zu sehn was so passiert

Sie taucht in die Wellen, verschwindet und ist fort
taucht wieder auf, kommt näher, schaut frech über Bord

Verzeih mir Herr, ich bück mich, schaue wo sie ist
und einen Kuß gibt sie mir, dieses kleine Biest

Zitronenblüten gleich war ihrer Brüste Duft
all das Blau des Meeres aus ihren Augen ruft

– Auf gehts mein Schatz, steig zu, ich zeige dir die Welt
fünfmal durchmaßen wir im Nu das Himmelszelt.

H. C. Artmann

FRAGMENTE VON DELPHINEN

auf einem großen grünen delphin wollen wir nach den sandwichinseln reiten
als von zelten die rede war dachte ich daß der blaue schatten genüge und er hing wirklich wie eine reife frucht von den bäumen. aber das war schon auf den inseln …
vorerst aber haben wir noch einige sorge ums tägliche proviant obgleich wir nach vögeln schießen und nach fischen spießen könnten denn …
ich lernte manches während dieser zeit. die sonne stand fast immer im zenit und ich las im handbuch für …
einmal als wir in früherer jugend durch den wald
unserer großväter streiften verschliefen wir oft
im warmen gras …
es war meistens still in den eichen
und ein bach floß murmelnd vorbei.
wer von uns wird das land als erstes erblicken?
oder rote beeren auf hölzchen treibend?
ahoi. wir umziehen das schimmern der rötlichen vorgebirge aber du natürlich verstehst nicht die sprache der kannibalen.

¡e tive tive maua i te iva!
bevor wir hungers starben losten wir an
gelben strohhälmchen!

71 ost. 3 süd.
wir haben die farbe gebratener äpfel
während der nachtzeit versuchen wir
den mond mit dem fischnetz zu fangen.
wie sorglos doch manchmal das leben sein kann
wir finden uns komisch wenn unsere
beine im wasser baumeln …
ich habe dich entführt und du hast mich entführt.
der feine alte gouverneur gibt uns ein reizendes fest mit
lampionbeleuchtung
… vous êtes très gentil usw. usw. …
wenn wir doch schon auf den inseln wären. sie sucht sich
einzureden daß sindbad ein heiliger erzlügner gewesen
sei. also wären unsere gefahren
weniger fabelhaft.
mutige leute schätzen übrigens diese ungewißheit.
nehmen sie doch bitte
columbus oder die lusitanier …
……..
¿ob wir jemals land erblicken werden?
¿ein taubenpaar?
¿oder die roten beeren?

Der kleine
KÖNIG
der klugen Tiere

GLAUBST DU EIGENTLICH AUCH, DASS DELPHINE SO WAHNSINNIG INTELLIGENT SIND?
PÖÖH, NÖ...– SO RICHTIG NICH'.

ICH GLAUB', DAS WIRD MASSLOS ÜBERBEWERTET!
GLAUB' ICH AUCH!

WRRUMMM
KNIRSCH...

ANDERERSEITS – KÖNNTE SICH JEMAND, DER STROHDUMM IST, SO EINEN WAGEN LEISTEN?
DAZU NOCH MIT CHAUFFEUR?
TOM BREITENFELDT

Friedrich Georg Jünger

Die Delphine

Sag, was ist's, das mich erheitert
Wie der Lorbeer, die Zitrone?
Warum muß ich lachen, ohne
Daß ein Widerspruch mich peinigt?

Wie das Erz auf einer Scheibe
Sanfter rundet sich im Gusse,
Spielend sich erhöht im Flusse,
Wallt es in dem nassen Reiche.

Aus den glatten Wassern steigen
Die Delphine; von den feuchten
Flanken trieft es, und ein Leuchten
Fährt gleich Blitzen in die Weite.

Hebung sind und Senkung eines,
Und im Steigen wie im Fallen
Spüre ich: ein Maß ist allen
Dingen dieser Welt verliehen.

Seliges Erstaunen zwingt mich,
Und ich sehe mit Entzücken:
Von den runden, schwarzen Rücken
Rollt ein Kamm von Silber nieder.

Mit den Wassern sind sie einig,
Doch genügt nicht, wie den Fischen,

Diese Flut, sie zu erfrischen,
Kosten müssen sie vom Lichte.

Siehe nun, wie sie es treiben.
Duft und Feuer fährt zusammen,
Wenn die Leiber in den Flammen
Zarten Äthers lustvoll kreisen.

Und sie wiegen sich gewichtlos
Wie die geistigsten Gedichte,
Prismen sind's aus blauem Lichte,
Keines ihrer Teilchen lichtlos.

Plinius

Der Delphin

Der Delphin ist nicht nur dem Menschen freundlich gesinnt, sondern er liebt auch Musik. Melodiöse Konzerte, besonders die Klänge der Wasserorgel, entzücken ihn. Er fürchtet den Menschen nicht, als sei er für ihn ein Fremder, sondern sucht Schiffe auf, springt hierhin und dorthin, wetteifert mit ihnen in der Schnelligkeit und überholt sie selbst dann, wenn sie unter vollen Segeln fahren.

Witold Gombrowicz
Die Gegebenheiten auf der Brigg Banbury

Die Banbury kommt immer langsamer voran. Die liebe Sonne wärmt immer stärker, der geschmolzene Teer tropft von den Seiten des Schiffes ins Meer, die See ist saphirblau, und das zum Scheuern verwendete Wasser dampft geradewegs zum gleichfalls saphirblauen Himmel empor. Kapitän Clarke zeigte sich auf der Kommandobrücke, leckte an seinem Finger und sagte:

»Als wenn ich's gewußt hätte – die Brise flaut ab. Und sehr wahrscheinlich kriegen wir noch Gegenwind. Herr Smith, lassen Sie den seitlichen Klüver hissen. Auf dieser Route ist es immer so – immer, ob nach Valparaiso oder von Valparaiso, immer ist Gegenwind. Und das heißt Seefahrt? *Das* ist eine Seefahrt! *Das* soll Seefahrt sein!« brüllte er wütend.

Ein Schwarm von Delphinen weicht nicht vom Heck. Nicht Fleisch wollen sie – ihr einziger Traum ist, sich ein wenig am Steuerruder des Schiffes zu schaben, denn sie leiden schrecklich unter Wasserläusen. Nicht immer stoßen sie auf einen solch glücklichen Fund – einen harten Gegenstand in der Grenzenlosigkeit der Gewässer, an dem man sich reiben kann. Häufig schwimmen sie wochenlang durch den Ozean auf der Suche nach einem solchen Gegenstand. Sie merken jedoch nicht, daß das Schiff, wenn auch sehr langsam, sich dennoch vorwärts bewegt, und verfehlen ewig die Kante des Ruders um einige Zoll. Unglückliche Fische – ohne die

Ursache zu begreifen, wiederholen sie das Manöver stets erfolglos.

Auf einem Stück Papier notierte ich folgendes: »Ich finde, daß dies ein wenig zuviel ist. Delphine, die die Kante des Ruders verfehlen, Ratten, die in ihre eigenen Schwänze beißen, Matrosen, die auf ihre eigenen Füße starren und ihre gekrümmten Rücken zurückbeugen, Pelikane, die die Rücken der Walfische picken, ein Kapitän und ein Steuermann, die sich mit einer Nadel stechen, Wale, die nicht über das Wasser auffliegen können, fliegende Fische, die sich statt dessen so weit aufblähen, daß das Wasser die Spannung nicht ertragen kann und sie vor Schreck in die Luft hinauswirft – das ist entschieden zu monoton. Ich glaube, man könnte von Zeit zu Zeit etwas anderes zeigen. Wenn ich gewußt hätte, daß es so sein würde, hätte ich mich nie auf die Reise gemacht. Etwas mehr Takt würde nicht schaden. Immer ein und dasselbe ständig zu wiederholen, das ist wie der Punkt auf dem i, vollkommen überflüssig – am Ende merkt es noch jemand.«

James Krüss

Als ein Delphin war ich verspielt und klug

Als ein Delphin war ich verspielt und klug.
Das kann so mancher Mensch nicht von sich sagen.
Ich war vergnügt und frei an allen Tagen.
Mir war der Ozean kaum groß genug
Für all die Freiheit, die ich haben wollte,
Auch wenn er tobte und mit Wogen rollte
Und schwere Brecher an die Küsten schlug.

Ich kannte manche Bucht, die ruhig blieb,
Wenn auch das ganze Meer von Grund auf schäumte,
Und manche andre Bucht, in der ich träumte,
Wenn mirs der Ozean zu stürmisch trieb.

Sobald es ruhig war, schoss ich ins Meer,
Ins offne Meer hinaus, um dort zu springen.
Das war ein Tanz, ein Spiel, ein stummes Singen.
Ich denke gern daran. Lang, lang ists her.

Und kam ein Menschenschiff, schoss ich vergnügt
Um seinen Bug herum in weißen Wellen.
Ich konnte rascher und behänder schnellen
Als jeder Dampfer, der das Meer durchpflügt.

Kein Feind bedrängte mich. Allein den Hai
Musste ich rammen, wollte er mich schrammen.
Sonst lebte ich, mit anderen zusammen,
In allen Meeren friedlich, froh und frei.

Rainer Maria Rilke

Delphine

Jene Wirklichen, die ihrem Gleichen
überall zu wachsen und zu wohnen
gaben, fühlten an verwandten Zeichen
Gleiche in den aufgelösten Reichen,
die der Gott, mit triefenden Tritonen,
überströmt bisweilen übersteigt;
denn da hatte sich das Tier gezeigt:
anders als die stumme, stumpfgemute
Zucht der Fische, Blut von ihrem Blute
und von fern dem Menschlichen geneigt.

Eine Schar kam, die sich überschlug,
froh, als fühlte sie die Fluten glänzend:
Warme, Zugetane, deren Zug
wie mit Zuversicht die Fahrt bekränzend,
leichtgebunden um den runden Bug
wie um einer Vase Rumpf und Rundung,
selig, sorglos, sicher vor Verwundung,
aufgerichtet, hingerissen, rauschend
und im Tauchen mit den Wellen tauschend
die Trireme heiter weitertrug.

Dionysos auf einem Segelboot

Und der Schiffer nahm den neugewährten
Freund in seine einsame Gefahr
und ersann für ihn, für den Gefährten,
dankbar eine Welt und hielt für wahr,
daß er Töne liebte, Götter, Gärten
und das tiefe, stille Sternenjahr.

Lukian
Meergöttergespräche

Poseidon: Das macht ihr recht schön, ihr Delphine, ich lobe euch darum, daß ihr den Menschen immer so hold gewesen seid. Schon in alten Zeiten habt ihr den Sohn der Ino, als er mit seiner Mutter von den Skironischen Felsen ins Meer stürzte, auf den Rücken genommen und nach dem Isthmos getragen, und soeben hast du den Kitharöden von Methyma auf deinen Rücken genommen und in seinem ganzen Ornat samt seiner Zither an das Tänarische Vorgebirge getragen; da er ohne deine Hilfe dem Verderben, das ihm die boshaften Schiffer zugedacht hatten, nicht entronnen wäre.

Delphin: Laß dich's nicht wundern, Poseidon, wenn wir den Menschen Gutes tun, da wir selbst aus Menschen Fische geworden sind.

Marie-Catherine d'Aulnoy

Der Delphin

Es waren einmal ein König und eine Königin, denen der Himmel mehrere Kinder gegeben hatte. Einige waren schön, andere häßlich. Die Eltern liebten nur die schönen und setzten die häßlichen nach. So konnten sie ihren jüngsten Prinzen, namens Alidor, der von Wuchs schön, aber von Gesicht ungestalt war, durchaus nicht leiden und jagten ihn fort, sooft er sich vor ihnen sehen ließ. Da er sah, daß man ihm so ausnehmend übel begegnete, während man mit seinen anderen Geschwistern schöntat, faßte er den Entschluß, sich heimlich davonzumachen. Er traf seine Maßregeln so gut, daß niemand seine Flucht merkte, bis er über die Grenze war. Vielleicht, dachte er, ist mir der Himmel in der Fremde günstiger als in meinem Vaterlande.

Als seine Eltern erfuhren, er sei weg, schickten sie ihm Kuriere über Kuriere nach, mit dem Befehle, sogleich nach Hause zurückzukommen. Denn ob sie ihn gleich nicht liebten, so fürchteten sie doch, es möchte ihnen einen übeln Ruf machen, wenn sie ihren Sohn so herumirren ließen. Aber ihre Bemühungen waren vergebens. Alidor nahm so viele Umwege, daß ihn niemand antraf, und als die Kuriere wieder zurückkamen, war er am Hof beinahe schon vergessen. Da die Höflinge die Gesinnung seiner Eltern gegen ihn kannten, so bekümmerten sie sich wenig um ihn; denn Höflinge lächeln nur denen, denen das Glück lächelt.

Alidor ging auf gut Glück immer fort, ohne zu wissen,

wohin, als er einen jungen wohlgewachsenen Reiter antraf, der ebenfalls auf Reisen zu sein schien. Sie grüßten sich wechselseitig und redeten sich mit Höflichkeit an; nachdem sie sich anfänglich bloß über allgemeine Gegenstände unterhalten hatten, fragte der Reisende den Prinzen, wo ihn sein Weg hinführe. »Und wo führt Euch denn der Eurige hin?« versetzte der Prinz. »Mein Herr«, antwortete jener, »ich bin ein Stallmeister des Königs der Wälder, der mich nicht weit von hier nach Pferden ausgeschickt hat.« – »Was ist dies für ein König?« fragte der Prinz. »Ihr nennt ihn den König der Wälder. Wohnt er vielleicht in einem Walde?« – »Seine Vorfahren«, antwortete der Stallmeister, »wohnten da; er selbst aber hat einen ansehnlichen Hof; seine Gemahlin war eine der schönsten Damen ihrer Zeit, und seiner Tochter Livorette kommt zuverlässig keine Prinzessin an Schönheit gleich. Sie ist noch sehr jung, aber gleichwohl kann niemand sie sehn, ohne ihren Reizen zu huldigen.«

»Sie machen mir Lust, diesen Hof zu besuchen«, sagte der Prinz. »Nimmt man aber auch Fremde gerne da auf? Ich weiß wohl, daß ich mir nicht schmeicheln darf, auf den ersten Blick zu gefallen, da die Natur mein Gesicht so wenig begünstigt hat. Aber sie hat mir dafür ein gutes Herz gegeben.« – »Eine seltne Gabe«, sagte der Reisende, »die sicher mehr wert ist als die Gabe der Schönheit. Sie können darauf rechnen, gut aufgenommen zu werden.« Er beschrieb ihm hierauf den Weg, den er nehmen mußte, um in das Reich des Königs der Wälder zu kommen, und gab ihm Adressen an einige seiner Freunde mit, die ihn am Hofe vorstellen sollten.

Den Prinzen freute die Höflichkeit des Stallmeisters im Innersten seines Herzens, und er faßte schon im voraus eine günstige Meinung von dem Lande, dem er zureiste. Er setzte nun seinen Weg weiter fort und dachte an nichts als an die schöne Prinzessin Livorette, auf die ihn der Stallmeister so neugierig gemacht hatte.

Als er in der Hauptstadt ankam, machte er seine Besuche, ward allenthalben gut empfangen und dem Könige vorgestellt, der sich außerordentlich gnädig bezeigte. Wie freute sich Alidor, sein Vaterland verlassen zu haben, wo ihn niemand achtete, da man hier, wo ihn doch niemand kannte, so zuvorkommend gegen ihn war!

In dem Zimmer der Königin erfuhr er freilich eine Begegnung, deren er an einem so artigen Hof nicht gewärtig gewesen war. Denn kaum trat er ein, und kaum bekamen ihn die Damen zu Gesicht, als ein allgemeines Gelächter entstand. Die eine versteckte sich hinter ihrer Schürze; die andre lief davon; aber keine stellte sich so närrisch an wie die kleine Livorette, die den Prinzen ohne alle Zurückhaltung fühlen ließ, wie häßlich er war.

Der Prinz war, wie man leicht denken kann, in keiner geringen Verlegenheit. Er fand Livoretten ebenso schön wie unartig; die Art, wie sie ihn aufnahm, machte ihm wenig Hoffnung. Nach und nach kamen die Damen etwas zu sich. Die Königin befahl dem Fremden, sich zu nähern, und um ihr Versehn wiedergutzumachen, redete sie ihn mit der größten Güte an, fragte nach seinem Vaterlande, seinem Namen und seinen Abenteuern. Seine Antworten gefielen ihr. Sie fand, daß er ein Mann von Verstand und Charakter war; und beim Weggehen sagte sie ihm, daß sie ihn jederzeit mit Vergnügen in ihrer Gesellschaft sehen würde.

Je öfter er den Hof besuchte, desto liebenswürdiger fand man ihn. Er hatte Anstand und Würde und die Gabe, angenehm zu unterhalten. Jedermann urteilte vorteilhaft über ihn. Nur die kleine Prinzessin konnte sich nicht an ihn gewöhnen; sooft sie ihn sah, lachte sie ihm gerade unter die Nase. Bei jeder andern würde er dieses unanständige Betragen gerne übersehen haben; aber bei der Prinzessin nahm er die Sache ernster, und da er etwas näher mit ihr bekannt war, sagte er zu ihr: »Haltet Ihr es denn gar nicht für unrecht, sich über mich aufzuhalten? Dieselben Götter, die Euch so unendlich schön gemacht haben, haben mich so fürchterlich häßlich gemacht. Ich bin ihr Werk so gut wie Ihr.« – »Wenn das wahr ist«, antwortete sie, »so schwöre ich Euch, daß Ihr das unvollkommenste Werk seid, das je aus den Händen der Götter hervorgegangen ist.« Hierauf heftete sie ihre Augen fest auf sein Gesicht und betrachtete ihn mit großer Aufmerksamkeit und lachte dann so unmäßig, daß man glaubte, sie würde ersticken.

Der Prinz, der jetzt alle mögliche Zeit hatte, sie zu betrachten, sog das süße Gift der Liebe in langen Zügen ein. Ich muß sterben, sagte er bei sich selbst; ohne Hoffnung zu gefallen kann ich doch ohne Livoretten nicht leben. Er wurde hierüber ganz tiefsinnig, und jedermann hatte Mitleid mit ihm. Auch die Königin bemerkte seinen Zustand; er war zerstreut beim Spiel und gab auf alles verkehrte Antworten. Sie fragte ihn, was ihm fehle. Und er antwortete, er könne es selbst nicht sagen, aber er fühle eine gänzliche Abspannung in seinem Körper und er glaube, daß ihm die Veränderung der Luft heilsam sein würde; er habe sich deswegen vorgenommen, häufig aufs Land zu gehn. – In der Tat hielt er den Anblick der Prinzessin nicht länger aus. Er wünschte von seiner hoffnungslosen Liebe zu genesen und glaubte dies durch die Entfernung zu bewirken; aber wo er auch hinging, da folgte ihm seine Leidenschaft nach. Er suchte die Einsamkeit und überließ sich seinen traurigen Betrachtungen.

Die Nachbarschaft des Meeres lud ihn bisweilen zum Fischfang ein; aber wenn er halbe Tage mit seiner Angel saß und lauerte, hatte er am Ende doch nichts gefangen. Und wenn er dann wieder zurückkam, stand Livorette gemeiniglich am Fenster und rief ihm lachend zu: »Nun, Alidor, bringt Ihr mir ein gutes Gericht Fische mit?« – »Nein, Madame«, pflegte er dann ganz unmutig zu antworten; und Livorette lachte und höhnte ihn, daß er nicht einmal so viel Geschicklichkeit besaß, einen Gründling zu fangen.

Diese Neckereien kränkten ihn so, daß er sich keine Mühe verdrießen ließ, etwas zu fangen, das der Prinzessin mit Anstand dargeboten werden konnte. Oft fuhr er ganz allein in einer kleinen Barke aufs Meer und warf seine Netze aus. Bin ich nicht recht unglücklich, dachte er dann bei sich selbst, daß ich in meinen Vergnügungen selbst eine neue Quelle von Leiden finden muß? Ich suche das Andenken der Prinzessin aus meinem Herzen zu verbannen und mache es nur immer fester und unauslöschlicher.

Eines Tages fuhr er weiter hinaus als gewöhnlich, und

als er sein Netz in die Höhe zog, fühlte er es so schwer, daß er fürchtete, es möchte zerreißen. Mit Mühe brachte er es herauf, blickte neugierig hinein und fand einen schönen Delphin, der alle seine Kräfte aufbot, um zu entkommen. »Mein armer Delphin«, redete Alidor ihn an, »spare deine Mühe, sie wird dir nicht helfen. Ich trage dich zur Prinzessin, und du wirst heute abend die Ehre haben, auf der Tafel serviert zu werden.« – »Ich danke für diese Ehre«, antwortete der Delphin, »ich kann ihrer sehr gut entraten.« – »Wie? Du kannst sprechen?« rief Alidor voll Verwunderung aus. »Welch ein Wunder!« – »Wenn du so großmütig sein willst, mir die Freiheit zu schenken«, versetzte der Delphin, »so will ich dir zeit deines Lebens so wichtige Dienste erweisen, daß es dich gewiß nicht gereuen soll.« – »Und was soll dann die Prinzessin heute abend essen?« fragte Alidor. »Weißt du nicht, wie lächerlich sie mich immer macht, wenn ich nichts mitbringe? Es tut mir leid, aber ich muß dich meiner Reputation aufopfern.« – »Du willst Verstand haben«, erwiderte der Delphin, »und glaubst deine Ehre beleidigt, wenn ein Kind über dich lacht? Ist denn die Fischerei eine so schwere Kunst, daß die Reputation eines vernünftigen Mannes davon abhängen kann? Ich bitte dich, Alidor, laß mich leben; wirf deinen treuen Diener Delphin ins Wasser und rechne auf seine Erkenntlichkeit.«

»Nun, so geh«, sagte der Prinz und ließ ihn schwimmen, »ich rechne nicht viel auf deine Versprechungen, die dir die Angst abnötigt. Livorette wird mich heute abend wieder auslachen. Aber es sei darum. Ich kann es nicht über mein Herz bringen, dir etwas zuleide zu tun.« Der

Delphin verschwand; und mit ihm Alidors Hoffnung, heute einen zweiten Fang zu tun. Er zog seine Geräte in die Barke, nahm die Ruderstange zwischen die Beine und saß da, mit übereinandergeschlagenen Armen und gesenktem Haupte, in tiefe Betrachtungen versunken, als ihn auf einmal eine liebliche Stimme weckte, die aus dem Meere »Alidor, Prinz Alidor!« rief. »Sieh doch deine guten Freunde an.« Der Prinz schaute auf und sah den Delphin, der tausend närrische Sprünge auf dem Wasser machte.

»Du hast mir vor einer halben Stunde einen wesentlichen Dienst geleistet«, sagte der Delphin, »jetzt ist die Reihe an dir, etwas von mir zu verlangen, und du kannst darauf rechnen, daß dein Wunsch erfüllt werden wird.« – »Gut«, versetzte der Prinz, »schaffe mir zur Vergeltung den besten Fisch herbei.« In dem Augenblick sprangen eine Menge Lachse, Salmen, Muränen und Austern in die Barke, daß sie ganz damit angefüllt war. »Hoho«, rief der Prinz, »deine Güte beschämt mich; aber du überhäufst mich so damit, daß ich ersaufen werde, wenn du mir nicht zu Hilfe kommst.«

Der Delphin trieb die Barke ans Land. Hier suchte der Prinz die besten Fische aus, und der Delphin sah zu. »Bist du mit mir zufrieden?« sagte er. »Vollkommen«, antwortete der Prinz. »Nun, wenn du mir außerdem etwas zu befehlen hast«, fuhr jener fort, »so kannst du jederzeit auf meine Bereitwilligkeit rechnen. Mache den Versuch, wenn du Lust hast.« – »Ach«, sagte der Prinz, »mein Wünschen ist umsonst. Ich liebe eine Prinzessin, die mich haßt.« – »Willst du vielleicht von deiner Liebe befreit sein?« versetzte der Delphin. »Nein«, erwiderte Alidor. »Ich könnte mich eher von meinem Leben als von meiner Liebe trennen. Mache lieber, daß sie mir günstiger wird.«

»Willst du mir versprechen, nie eine andre Frau als Livorette zu lieben?« sagte der Delphin. »Mit Freuden«, versetzte der Prinz. »Ich habe ihr in meinem Herzen ewige Treue geschworen, und nichts, nichts in der Welt soll mich meineidig machen. Ich will gewiß nichts unterlassen, was an mir liegt, um ihr zu gefallen.« –»Wir müssen sie täuschen«, sagte der Delphin. »Denn so, wie du jetzt bist, wird sie dich nicht heiraten wollen, weil sie dich häßlich findet und dich nicht kennt.« – »Ich bin es zufrieden«, sagte der Prinz, »wiewohl ich fest überzeugt bin, daß sie bei dem Besitz eines Herzens wie das meinige nicht getäuscht werden kann.« – »Ich hoffe, daß sie die Zeit hiervon selbst überzeugen wird«, versetzte der Delphin, »für jetzt aber wirst du dir gefallen lassen, zum Kanarienvogel zu werden, doch mit der Freiheit, deine wirkliche Gestalt so oft anzunehmen, wie du Lust hast.« – »Mit Vergnügen«, erwiderte Alidor. »Wohlan, so werde jetzt zum Vogel«, fuhr der Delphin fort; und in dem Augenblick sah sich Alidor mit Federn bekleidet und mit dem Talent zu singen begabt. Nachdem er es eine Weile in diesem neuen Zustand versucht hatte, nahm er seine natürliche Gestalt wieder an.

Er war vor Freuden außer sich und brannte vor Verlangen, bei seiner geliebten Prinzessin zu sein. Er rief seine Leute, die in der Nähe auf ihn warteten, belud sie mit den Fischen und nahm den Weg nach der Stadt. Livorette stand, wie gewöhnlich, auf dem Balkon und rief ihm zu:

»Nun, Alidor, seid Ihr heute glücklicher gewesen als gewöhnlich?« – »Ja, Madame«, antwortete er und zeigte ihr die Körbe mit den Fischen. »Das ist schade«, erwiderte Livorette, »denn nun kann ich mich nicht mehr über Euch lustig machen.« – »Oh! Ihr werdet dazu noch immer Stoff genug finden«, antwortete der Prinz und ging fort. Er schickte ihr hierauf die Fische, nahm die Gestalt eines Kanarienvogels an und flog an Livorettens Fenster. Als diese ihn sah, schlich sie sich sachte heran, streckte die Hand nach ihm aus, griff zu und – der Vogel entwischte.

Als er sich in einiger Entfernung niedergelassen hatte, sagte er: »Ich habe um Euretwillen mein Vaterland verlassen, reizende Prinzessin, und ich komme vom andern Ende der Erde, um Euch in der Nähe zu sehn. Es wäre also wohl unbillig, wenn Ihr mich wie einen gemeinen Kanarienvogel behandeln wolltet. Versprecht mir, mich niemals einzusperren, sondern mir meine vollkommene Freiheit zu lassen, zu kommen und fortzufliegen, wenn es mir beliebt.« – »Mache die Bedingungen, wie du willst«, rief ihm Livorette zu, »du bist gar zu schön; ich verspreche dir alles. Du sollst deine vollkommne Freiheit haben, aber ich hoffe, dir auch die Sklaverei angenehm zu machen.« Der Kanarienvogel flatterte hernieder und setzte sich auf Livorettens Kopf, dann auf ihre Hand. Er pfiff die schönsten Melodien und sang die artigsten Lieder. »Ach, wie freue ich mich«, sagte die Prinzessin, »über den schönen Vogel, den mir das Glück zugeführt hat!« Dann lief sie in das Zimmer der Königin und zeigte ihr den allerliebsten Fremdling. Die Königin hätte ihn gar zu gerne sprechen hören, aber er war nur für Livorette beredt.

Als es Abend wurde, ging Livorette mit ihrem Vogel, den sie Bibi nannte, auf ihr Zimmer zurück. Sie setzte ihn an ihre Toilette, und Bibi war immer um sie. Bald hüpfte er ihr auf die Hand, bald auf die Schultern. Die Prinzessin war vor Freuden außer sich, und Alidor, wie man denken kann, war es nicht weniger. Die Nacht über ließ man ihn im Vorzimmer, so gerne er sie auch in der Schlafkammer zugebracht hätte. Sobald der Tag anbrach, flog er an das Ufer des Meeres. »Delphin, lieber Delphin«, rief er, »ich habe dir zwei Worte zu sagen. Komm und laß dich nicht vergebens bitten.« Der Delphin erschien ohne Verzug. Als Bibi ihn erblickte, flog er auf ihn zu und setzte sich auf seinen Kopf.

»Ich weiß den ganzen Verlauf deiner Geschichte«, sagte der Delphin, »und was du jetzt von mir begehrst. Du kannst nicht in Livorettens Schlafkammer kommen, wenn sie dich nicht mit Einwilligung ihrer Eltern heiratet. Geschieht dieses, so will ich dich als ihren Gemahl betrachten und dir ihr Schlafzimmer öffnen.« Der Prinz setzte ein solches Vertrauen auf die Worte des Delphins, daß er nicht wagte, ihm Einwendungen zu machen, sondern ihm für seine Freundschaft dankte und um die Fortdauer derselben bat.

Jetzt kehrte er in den Palast seiner Schönen zurück, die ihn ängstlich suchte und, da sie ihn nirgends fand, bittre Tränen vergoß. »Ach«, sagte sie, »du kleiner Ungetreuer, warum hast du mich schon verlassen? Hab ich dich etwa nicht gut genug aufgenommen? Habe ich dich nicht auf alle nur mögliche Art geliebkost? Hab ich dir nicht genug Zucker und Bonbons gegeben?« – »Ja«, rief der Vogel zu einer Öffnung des Fensters herein, »du hast mich mit ebensoviel Freundschaft wie Gleichgültigkeit aufgenommen. Glaubst du, daß es mir Vergnügen machen kann, in einem Zimmer mit deinem Affen, Papageien und deiner Hauskatze zu schlafen? Ich habe die ganze Nacht kein Auge zugetan, aus Furcht, in ihre Klauen zu geraten.« Wie freute sich Livorette, da sie die Stimme ihres geliebten Bibi hörte! Sie sah ihn zärtlich an und hielt ihm den Finger hin. »Komm, komm, Bibi«, sagte sie, »wir wollen wieder gute Freunde sein.« – »Ich bin so leicht nicht wieder gut«, antwortete der Vogel. »Wenn du mir nicht versprichst, daß der König und die Königin unsere Aussöhnung garantieren, so komm ich niemals wieder.« – »Oh, von Herzen gern«, versetzte Livorette. »Ich will dich gleich in ihre Kammer tragen.«

Nun setzte sich Bibi auf ihren Finger, und sie trug ihn zu ihren Eltern, die noch im Bette lagen und sich über ihre Tochter und die Wahl eines Schwiegersohns unterhielten. »Was bringst du schon so frühe, liebes Kind?« sagte die Königin. »Meinen kleinen Vogel«, antwortete sie, »der um eine Audienz bei Euch bittet.« – »Der Einfall ist nicht übel«, versetzte der König, »aber wir sind, wie du siehst, auf so vornehmen Besuch nicht eingerichtet.« – »Ihro Majestät irren«, hob der Kanarienvogel an. »Ob ich gleich nicht mit der gehörigen Pracht erscheine, so kann ich mich doch nichtsdestoweniger rühmen, einer der angesehensten Prinzen der Kanarischen Inseln zu sein. Ich bin unumschränkter Gebieter eines kleinen Orangenwäldchens, welches der schönste und reizendste Aufenthalt meines Vaterlandes ist. Ich habe eine Menge Untertanen, die mir einen ansehnlichen Tribut von Mücken und Würmern zahlen. An meinem Hofe wohnt Zufriedenheit und Freude. Tanz und Musik hören hier niemals auf, und wenn die Prinzessin eine Freundin von Konzerten ist, so kann sie da ihren Geschmack vollkommen befriedigen. Gefällt es ihr nicht mehr an meinem Hofe, so können wir an dem Eurigen leben. Ich verlange dann nichts von Euch als ein wenig Hanf, Mohnsamen und von Zeit zu Zeit ein Stückchen Zucker. Ich hoffe, Ihr werdet mit einem solchen Schwiegersohn zufrieden sein und Eure Tochter wird keinen bessern Gemahl verlangen als mich.«

Der König und die Königin lachten bei dieser Rede überlaut. »Mit Vergnügen«, sagten sie beide, »geben wir dir Livoretten zur Frau. Aber es muß mit ihrer Einwilligung geschehen. Was meinst du, Livorette? Bist du mit einem solchen Manne zufrieden?« –»Ich wünsche mir keinen bessern«, sagte sie. »Ach! Wie ist das allerliebst! Bibi ist nun mein kleiner Mann!« Bibi riß sich eine seiner besten Federn aus und reichte sie der Prinzessin dar. Sie nahm sie lächelnd an und steckte sie in ihr Haar.

Jetzt hüpfte sie in ihr Zimmer zurück und fragte ihre Damen, ob sie schon die große Neuigkeit wüßten, daß der König sie verheiratet hätte. Als die Damen dies hörten, sahn sie die Prinzessin verwunderungsvoll an und küßten ihr die Hände und baten sie um eine nähere Erklärung, wer denn der glückliche Prinz sei, dem sie zuteil werden sollte. »Hier ist er«, sagte sie und zog den Vogel aus ihrem Ärmel. Bei diesem Anblick lachten die Damen und scherzten über die Unschuld ihrer Gebieterin.

Während die Prinzessin sich anzog, um ihrer Mutter

aufzuwarten, flog Bibi davon und nahm seine gewöhnliche Gestalt an, um am Hof zu erscheinen. Als die Königin seiner ansichtig wurde, rief sie ihm zu: »Kommt, kommt und wünscht meiner Tochter zu ihrer Vermählung Glück. Bibi hat ihr Herz gewonnen. Findet Ihr die Partie nicht vortrefflich?« Alidor nahm an diesem Scherz teil und brachte eine Menge guter Einfälle vor, die dem Hofe vieles Vergnügen machten. Livorette lachte zwar auch, aber aus einem andern Grunde als die übrigen. Denn sich über den armen Alidor lustig zu machen, das war noch immer ihre größte Freude.

Als die Prinzessin zu Bette ging, wollte sie den Vogel wieder in ihrem Vorzimmer lassen. Aber er wußte es so geschickt zu machen, daß er mit in ihr Schlafgemach eindrang. Hier setzte er sich auf das Porzellan, wo man ihn nicht wegzujagen wagte. »Wenn du deinen Morgengesang allzu früh anstimmst«, sagte Livorette zu ihm, »und wenn du mich aufweckst, so werde ich dir in meinem Leben nicht wieder gut.« Er versprach ihr, so stumm zu sein wie ein Fisch, bis sie ihm selbst befehlen würde zu singen. Bei diesem Versprechen beruhigte sie sich, und Bibi blieb im Zimmer.

Kaum war die Prinzessin zu Bette, als sie in einen so tiefen Schlaf fiel, daß man ihn wohl eher der Einwirkung des Delphins als natürlichen Ursachen zuschreiben muß. Bibi hingegen nahm sich wohl in acht einzuschlafen, sondern sobald er merkte, daß seine Gebieterin sich dem Schlafe überlassen hatte, verließ er seinen Platz, setzte sich sachte auf das Bett und brachte hier als Alidor seine Nacht sehr angenehm zu. Als der Tag anbrach, verwandelte er sich wieder in Bibi, flog an das Ufer des Meeres und setzte sich in seiner natürlichen Gestalt auf einen Felsen, von wo aus er das Meer übersehen konnte. Er sah nach seinem Freund Delphin aus und rief ihn zu wiederholten Malen. Während er seine Ankunft erwartete, überließ er sich den angenehmsten Betrachtungen. »O Feen!« rief er unter anderm aus. »Man rühmt Eure Macht so sehr, man sagt, daß Euch nichts unmöglich sei. Könntet Ihr wohl einen Sterblichen glücklicher machen als mich?«

Er hatte diese Worte kaum ausgesprochen, als er eine heftige Erschütterung in dem Felsen spürte, der sich gleich darauf öffnete und ein kleines häßliches Weib ausspie, das auf zwei Krücken umherhinkte. Es war die Fee Grognette, die Schwester der Grognon und ihr an Bosheit gleich. »Ich weiß nicht, Herr Alidor«, redete sie ihn an, »was du dich unterstehst, dich auf meinen Felsen zu setzen; leicht würf ich dich gerade ins Meer hinab, damit du lerntest, daß, wenn auch die Feen einen Menschen nicht glücklicher machen können, als du bist, sie ihn wenigstens unglücklich machen können.« – »Madame«, antwortete der Prinz, »wenn ich gewußt hätte, daß Ihr hier wohnt, so würde ich mich nicht unterstanden haben, mich auf das Dach Eures Hauses zu setzen.« – »Deine Entschuldigungen kommen zu spät«, versetzte die Fee, »und du bist so häßlich und eingebildet, daß ich fest entschlossen bin, dich dafür leiden zu lassen.« – »Aber mein Gott, was hab ich Euch denn zuleide getan?« sagte der Prinz. »Als wenn ich das wüßte«, erwiderte die Fee. »Ich kann dich nicht leiden, und das ist genug.« Sie murmelte hierauf noch einige Worte und kehrte dann in ihren Felsen zurück.

Der Prinz war über dieses Abenteuer sehr verdrossen. »Ich war so glücklich«, sagte er, »und da muß mich die hinkende Hexe stören. Ihre Drohungen haben mich recht unruhig gemacht. Delphin«, fuhr er fort, »ich beschwöre dich, mich nicht länger warten zu lassen.« Sogleich erschien der Fisch an dem Ufer. »Nun, was bringst du?« sagte er. »Ich bringe dir tausendfachen Dank«, antwortete Alidor, »für deinen Beistand. Ich habe Livoretten geheiratet, und in dem Taumel meiner Freude kam ich hierher. Eine boshafte Fee …« – »Ich weiß alles«, unterbrach ihn der Delphin. »Es ist Grognette, die boshafteste, eigensinnigste Kreatur von der Welt. Sie tut das Böse aus bloßem Vergnügen am Bösen. Sie quält und peinigt die Menschen, ohne zu wissen, warum. Ein vergnügtes Gesicht ist ihr verhaßt und reizt sie zur Rache.«

»Desto schlimmer für mich«, sagte der Prinz, »denn ich schwöre dir, mein Glück ist unbeschreiblich groß. Das einzige, was ich noch zu wissen wünschte, ist, ob Livorette niemals erfahren soll, daß ich ihr Mann bin.« – »Begnüge dich mit dem Gegenwärtigen«, sagte der Delphin, »und forsche nicht nach der Zukunft.« Mit diesen Worten tauchte er unter; der Prinz ward zum Vogel und kehrte zu seiner Geliebten zurück.

Diese hatte ihn schon überall gesucht und fing an zu schimpfen, als sie ihn wieder in ihrer Gewalt sah. »Mußt du mir denn immer Sorgen und Kummer machen? Du weißt, wie lieb ich dich habe und daß ich nicht ohne dich leben kann.« – »Habe nur keine Sorgen«, antwortete der

Mosaik aus dem Haus der Delphine,
Delos

Vogel, »ich fliege dir nicht davon.« – »Recht wohl«, versetzte Livorette. »Aber kannst du mir denn dafür stehn, daß du nicht in eine Schlinge gerätst? Wenn du in die Hände eines schönen Mädchens fielest, wer weiß, ob du wiederkämst.« – »Dieser Verdacht beleidigt mich«, erwiderte Bibi. »Du kennst mein Herz nicht, wenn du ihn im Ernst hegen kannst.« – »Verzeihe mir, Bibi«, sagte sie lächelnd. »Ich habe gehört, daß die Männer sich aus einer Untreue gegen ihre Frauen eben kein Gewissen machen; und seitdem du mein Mann bist, fürchte ich deinen Leichtsinn.«

Alidor fand großes Vergnügen an dieser Art von Unterhaltung, weil er Livorettens Liebe zu ihm deutlich daraus erkannte; gleichwohl ward er nur als Vogel geliebt. Es kamen Augenblicke, in denen ihm dieser Gedanke unerträglich war; und bisweilen machte er sich ein Gewissen daraus, Livoretten zu täuschen. Er teilte seine Bedenklichkeiten dem Delphin mit, der sie so gut wie möglich zu heben suchte und ihm den Genuß seines gegenwärtigen Glücks empfahl, weil Zeiten kommen könnten, in denen er seine jetzige Lage vergebens zurückwünschen würde.

Es dauerte nicht lange, so sprach man überall von einer Vermählung der Prinzessin mit einem jungen und schönen Prinzen, dessen Staaten in der Nähe lagen. Er schickte Gesandte ab, bei ihren Eltern um sie anzuhalten. Diese wurden sehr gut aufgenommen. Alidor geriet in die äußerste Bestürzung. Er eilte an das Ufer des Meeres, rief den Fisch, der ihm schon so wesentliche Dienste geleistet hatte, und teilte ihm die Ursache seiner Unruhe mit. »Bedenke die Gefahr, in welcher ich schwebe«, sagte er unter anderem zu ihm. »Entweder muß ich meine Frau in den Armen eines andern sehen, oder wenn ich mich als ihren Gemahl zu erkennen gebe, so werde ich vielleicht auf ewig von ihr getrennt.« – »Ich begreife deine Verlegenheit«, sagte der Delphin, »aber meine Macht ist zu gering, um Grognettens Bosheit Einhalt zu tun. Ich werde alle meine Kräfte aufbieten, dich zu schützen; fasse Mut und rechne auf meine Freundschaft als auf ein Gut, das dir niemals entgehn wird.« Der Prinz dankte dem guten Delphin und kehrte zu seiner Prinzessin zurück.

Er fand sie, von ihren Kammerfrauen umringt, auf einem Sofa, krank und schwach. Die eine hielt ihr den Kopf, die andere den Arm; sie klagte über großes Übelsein. Da Alidor in seiner natürlichen Gestalt erschien, wagte er es nicht, sich ihr zu nähern; aber die Prinzessin rief ihn selbst herbei und sagte lächelnd: »Ihr findet mich recht krank; ich glaube, ich werde sterben; und das würde mir jetzt gerade recht ungelegen kommen. Man sagt so viel Gutes von dem Prinzen, den ich heiraten soll.« – »Wie, Madame?« versetzte Alidor mit einem gezwungenen Lächeln. »Habt Ihr vergessen, daß Ihr schon einen Mann habt?« – »Ihr meint den Kanarienvogel?« antwortete Livorette. »Der wird meine Untreue so übel nicht nehmen. Ich kann einen Mann haben und ihn doch zärtlich lieben.« – »Ich glaube nicht, daß er mit einem geteilten Herzen vorliebnimmt«, erwiderte Alidor. »Gleichviel«, antwortete Livorette. »Und er wird mich gewiß nicht an meinem Glück hindern wollen. Ich freue mich recht darauf, Königin eines großen Reichs zu werden.« – »Er hat Euch auch ein Reich angeboten«, fiel Alidor ein.

»Haha«, antwortete Livorette mit Lachen, »seinen schönen Busch von Orangen und Jasmin. Das wäre ein recht schönes Reich für eine Biene oder eine Mücke. Mir aber ist es doch etwas zu klein.«

Die Kammerfrauen der Prinzessin fürchteten, zu vieles Reden möchte ihr schädlich sein, und baten den Prinzen, sich zu entfernen. Hierauf legten sie sie auf ihr Bett, wo sich Bibi zu ihr setzte und ihr Vorwürfe über ihre Untreue machte. Sie befand sich bald wieder ziemlich wohl; aber seit der Zeit verging fast kein Tag, wo sie nicht einen neuen Anfall bekam. Sie verlor ihre Farbe, ward mager und schwach. Niemand wußte, was er aus dieser Krankheit machen sollte, und die Leibärzte waren mit ihrem Latein am Ende. Endlich erfuhr die Königin, daß sich in der Nähe ein sehr geschickter Arzt befände. Sie ließ ihn holen und ihn zu Livoretten bringen, ohne ihm doch zu sagen, wer sie sei. Er betrachtete sie einige Augenblicke, dann sagte er lächelnd: »Ist es möglich, daß man hier diese Krankheit nicht kennt? Ich hoffe, sie wird keinen übeln Ausgang nehmen und diese junge Dame wird ihre Familie in kurzem mit einem allerliebsten Erben beglükken.« Die Frauen, welche sich um die Prinzessin befanden, waren über diese Frechheit entrüstet, verboten dem Arzt, noch ein Wort zu sagen, und jagten ihn mit großem Ungestüm die Treppe hinab.

Bibi war auch in dem Zimmer und fand, daß der Arzt so unrecht nicht haben dürfte; er war selbst schon mehrmals auf denselben Gedanken gekommen. Die Königin, welche, ohne gesehen zu werden, das Gespräch des Arztes mit angehört hatte, teilte ihrem Gemahl das Resultat desselben mit. Sie ließen Livoretten zu sich kommen; sie fragten sie aus, aber alle ihre Antworten bewiesen ihre Unwissenheit und ihre Unschuld; und da auch die Kammerfrauen hoch und heilig versicherten, daß sie nie Gelegenheit gehabt hätten, auch nur den entferntesten Verdacht zu hegen, so beruhigten sich ihre Eltern, bis endlich die Prinzessin, zum Erstaunen der ganzen Welt, mit einem allerliebsten kleinen Knaben ins Kindbett kam. Der Zorn des Königs und der Schmerz der Königin waren unbeschreiblich. Die Prinzessin war außer sich, Alidor unruhig, die Gesandten niedergeschlagen. Wo kommt das Kind her? Wer ist der Vater dazu? Das wußte niemand zu sagen; Livorette am wenigsten. Aber der König verstand keinen Scherz, und die Tränen und Beteuerungen der armen Prinzessin dienten zu nichts, als ihn nur noch mehr aufzubringen. Er beschloß, sie mit dem Kinde von einem Felsen hinabstürzen zu lassen; da er aber der Königin diesen Entschluß mitteilte, fiel sie halbtot zu seinen Füßen nieder und bat ihn, einen so schrecklichen Befehl zu widerrufen. Sie bot ihm ihr Leben dar, nur möchte er die unglückliche Livorette und ihr unschuldiges Kind verschonen.

Die Tränen der Königin erweichten ihn zum Mitleid; er warf sich in einen Lehnstuhl, bedeckte das Gesicht mit seinen Händen, sann lange nach, seufzte tief und sagte endlich zu der Königin, er wolle Livorettens Strafe ihr zuliebe noch aufschieben – aber sie ihr zu schenken, dazu könne er sich nicht entschließen. Die Königin war froh, wenigstens einen Aufschub gewonnen zu haben, dankte dem König und widersetzte sich nicht weiter, als er befahl, Livoretten in einen finsteren Turm einzusperren. Hier beweinte sie ihr trauriges Schicksal, und das einzige, was sie tröstete, war das Bewußtsein ihrer Unschuld. Ihr Kind bekam sie nicht zu sehn und erfuhr auch nichts von ihm.

Den heftigsten Kummer machte diese Begebenheit dem unglücklichen Alidor, der die Entfernung von seiner Geliebten und das Bewußtsein, ihr alles dieses Unglück zugefügt zu haben, nicht zu ertragen imstande war. Er verfiel in eine tiefe Schwermut, welche endlich zum Wahnsinn ward. Er warf sein Geld und seine Kostbarkeiten auf die Straße, lief in den Wäldern umher und zerriß seine Kleider. Wem er mit seinem langen Bart, seinem wirren Haar entgegenkam, der entsetzte sich vor ihm, und sein trauriges Schicksal, dessen Ursache freilich niemand erriet, ward von jedermann bemitleidet. Der Delphin begab sich auf den Grund des Meeres und ließ den Bosheiten der Fee Grognette, welcher er keinen Widerstand mehr tun konnte, freies Feld.

Der kleine Prinz wurde unterdessen am Hofe erzogen; aber der König hatte ihm sein Leben nur darum erhalten, damit er durch ihn erfahren möchte, wer sein Vater sei. Eines Tages ließ er bekanntmachen, daß alle Herren vom Hofe seinem Enkel etwas zum Geschenke bringen sollten. Sie erschienen ohne Verzug und überreichten dem kleinen Prinzen, in Gegenwart des Königs, ihre Geschenke. Er nahm sie alle gleichgültig an, und bei aller Aufmerksamkeit konnte der König doch nicht wahrnehmen, daß er dem einen mehr als dem andern wohlwollte oder ihn besonders freundlich anlächelte.

Er ließ daher noch einmal bekanntmachen, daß, wenn irgendein Herr vom Hofe ermangeln würde zu erscheinen, er als schuldig betrachtet und bestraft werden würde. Jedermann war bereit, den Befehl des Königs zu erfüllen; nur Alidor würde auch von dieser zweiten Aufforderung nichts erfahren haben, wenn nicht der Stallmeister – der ihn zuerst am Hofe empfohlen hatte – ihn von ungefähr in einer Höhle gefunden hätte. »Nun, Alidor«, sagte er, »wollt Ihr denn der einzige sein, der dem kleinen Prinzen nichts zum Geschenke bringt? Habt Ihr nichts von dem Edikte erfahren, das der König hat publizieren lassen? Wollt Ihr Euch dem aussetzen, daß der König Euch als einen Verbrecher der beleidigten Majestät hinrichten läßt?« – »Meinethalben«, antwortete der Prinz, »ich habe nichts dagegen. Aber warum störst du mich in meiner Ruhe?« – »Aus der besten Absicht von der Welt«, erwiderte der Stallmeister. »Ich möchte Euch gern wieder an das Tageslicht hervorziehen. Ihr müßt mit mir an den Hof gehen und dem Prinzen Eure Aufwartung machen.« – »Ich?« rief Alidor aus und sah starr vor sich hin. »Ich – dem Prinzen? Bedenke doch... Ich bin auch gar nicht dazu angezogen.« – »Wenn es darauf ankommt«, sagte der Stallmeister, »so will ich Euch die besten Kleider aus meiner Garderobe geben.« – »Gut«, antwortete Alidor, »ich habe mich lange nicht in Staat gesehn.«

Sie verließen die Höhle, und Alidor war sehr folgsam. Der Stallmeister ließ ihm die Wahl unter seinen Kleidern; er wählte sich einen schwarzen Anzug, war aber durch keine Vorstellungen zu bewegen, ein Halstuch umzubinden und Schuhe anzuziehn. Als er an die Türe kam, fiel ihm ein, daß man dem Prinzen ein Geschenk machen müßte. Eine Nadel lag auf der Erde, er hob sie auf und näherte sich dem Prinzen mit diesem Geschenk. Ob er nun gleich so fürchterlich aussah, daß die Ammen im Begriff waren, mit dem Kinde davonzulaufen, so ward ihn dieses doch kaum gewahr, als es die Arme nach ihm ausstreckte und zu ihm verlangte. Dann fiel es ihm um den Hals und konnte sich ebensowenig von Alidor trennen als Alidor von dem Kinde.

Der König wußte nicht, ob er seinen Augen trauen sollte, als er diese Wirkung des Instinktes sah. Er suchte zwar seinen Zorn zu verbergen, aber kaum war er allein, als er, ohne der Königin ein Wort davon zu sagen, zweien seiner Kavaliere befahl, Livoretten aus ihrem Turm, wo sie nun vier Jahre geschmachtet hatte, herauszuholen, sie mit Alidor und dem kleinen Prinzen in eine Tonne zu stecken, ihnen einen Topf mit Milch, eine Flasche Wein und ein Brötchen mitzugeben und sie so dem Meere zu übergeben.

Die Kavaliere boten zwar alle ihre Beredsamkeit auf, Gnade für diese armen Schlachtopfer zu erflehen; aber der König war so aufgebracht, daß er gar nichts hören wollte und ihnen zum wiederholten Male mit den härtesten Ausdrücken auferlegte, seinen Befehl auf das pünktlichste zu erfüllen. Sie begaben sich also in den Turm, wo sie die Prinzessin, an Händen und Füßen gefesselt, auf einem elenden Strohlager fanden. Sie verkündigten ihr unter Seufzern und Tränen den Befehl ihres Vaters und die Ursache ihres Erscheinens. Als sie dieses vernahm, weinte sie bitterlich und sagte: »Die Götter sind meine

Zeugen, daß ich unschuldig bin! In meinem sechzehnten Jahre, zu den schönsten Hoffnungen geboren, soll ich ein Raub der Wellen werden! Aber ich will euch nicht mit meinen Klagen betrüben. Mein Vater hat mich gelehrt, den Tod als wünschenswert anzusehn; ich will ihm gerne gehorchen. Nur mein Kind will ich zu retten suchen. Hat denn seine Unschuld keine Gnade vor den Augen des Königs gefunden? Ist es nicht an einem Schlachtopfer genug?«

Die beiden Abgeordneten konnten ihr hierauf nichts antworten. Sie mußten gehorchen. »Nun wohl«, sagte die Prinzessin, »es sei. Nehmt mir meine Fesseln ab, ich folge euch nach.« Der Kerkermeister kam und feilte ihre Ketten entzwei, wobei sie große Schmerzen ausstand. Aber sie ertrug alles mit bewundernswürdiger Geduld. Sie trat aus ihrem Kerker, schön wie die Sonne, wenn sie aus den Schatten der Nacht hervortritt, und wer sie sah, bewunderte ihren Mut und beklagte ihr Schicksal.

Alidor und der kleine Prinz erwarteten sie an dem Ufer des Meeres, wohin sie von der Wache geführt worden waren. Beiden war ihre Bestimmung noch ganz unbekannt. Als die Prinzessin ihren Sohn sah, stieß sie einen schmerzlichen Schrei aus, nahm ihn in ihre Arme und küßte ihn auf das zärtlichste. Jetzt erfuhr sie, daß sie mit Alidor ersäuft werden sollte. »Ihr Götter!« rief sie aus. »Ihr verleiht mir noch den einzigen Trost, mich vor den Augen der Welt zu rechtfertigen, indem ihr mich gerade mit dem Manne zugrunde richtet, gegen den mein Herz immer den meisten Widerwillen empfand.« Alidor seinerseits lachte, als er die Prinzessin sah. »Ei, wo kommst du denn her?«

sagte er zu ihr. »Haben sie dir auch ein Mädchen genommen? Viel Neues hat sich zugetragen, seitdem Livorette verreist ist. Ich und die ganze königliche Familie sind toll geworden und liegen an Ketten. Ich will dir auf der Reise Wunderdinge erzählen. Denn wir reisen zusammen nach dem Meeresgrund. Hörst du? Vergiß nicht, mich aufzuwecken, wenn ich schlafe. Denn ich schlafe bis an den hellen Mittag, wenn mich niemand weckt.«

Livorette warf sich mit ihrem Knaben auf dem Arm in die Tonne, und Alidor sprang hinterdrein, jauchzend vor Freude, daß er eine Reise in das Königreich der Delphine und Salmen machen sollte. Die Tonne wurde zugemacht und von dem Felsen hinab in das Meer gestürzt. Das ganze versammelte Volk stieß einen Schrei des Unwillens aus, als die Tonne hinabstürzte, alles schluchzte und weinte und sah ihr so weit nach, wie es konnte. Alidor war ganz unbekümmert; er fand das Brot und den Wein, fing an, mit dem größten Appetit zu essen und zu trinken, und sang und plauderte dazu, ohne aufzuhören. Endlich sagte die Prinzessin: »Alidor, laß mich doch wenigstens in Frieden sterben und halte mit deiner unvernünftigen Lustigkeit ein.« – »Was hab ich dir denn getan«, antwortete Alidor, »daß ich nicht lustig sein soll? Weißt du was? Ich habe hier einen Fisch zum Freund, der mir alles zu Gefallen tut. Wenn du Hunger oder Durst hast, so kannst du nur ganz unbesorgt sein, ich ruf ihn, und er bringt mir alles, was ich will. Wenn wir hier das schöne Haus nicht hätten, so wollte ich mir einen Palast von ihm bauen lassen, der seinesgleichen sucht.« – »Nun, so ruf ihn doch«, sagte Livorette. »Warum zauderst du so lange? Wenn du warten willst, bis ich Hunger habe, so wird mir deine Hilfe zu spät kommen. Sieh, mein Kind stirbt; eile, ich bitte dich, damit ich sehe, ob du die Wahrheit redest.«

Alidor rief nun den Delphin, ohne zu zaudern: der Delphin erschien und bat um Befehl. »Bist du da?« sagte der Prinz. »Die Tonne ist so gut verwahrt, daß ich keinen Stich sehe.« – »Sage nur, was du willst«, fuhr der Delphin fort. »Musik«, antwortete der Prinz, ohne sich zu besinnen. Sogleich ertönte die lieblichste Musik. »Aber mein Gott«, rief die Prinzessin voll Ungeduld, »was soll uns jetzt die Musik helfen?« – »Nun, so sag doch nur, was du willst«, versetzte Alidor. »Du hast weder Hunger noch Durst; was soll ich dir denn schaffen? Willst du vielleicht schöne Kleider? Delphin ... « Livorette ließ ihn nicht ausreden. »Übertrage mir deine Gewalt über den Delphin«, sagte sie. – »Von Herzen gern«, antwortete jener. »Warum hast du denn das nicht lange schon gesagt? Delphin, ich befehle dir, der Prinzessin Livorette in allen Stücken pünktlichen Gehorsam zu leisten.« – »Sie kann befehlen«, sagte der Delphin. Sogleich verlangte Livorette, auf eine reizende Insel in einen schönen Palast gebracht zu werden. Den Palast sollten herrliche Gärten umgeben, von Bächen umflossen; mitten in dem Garten sollte ein Baum stehen, mit goldenem Stamm und silbernen Ästen, und drei Orangen sollten an diesem Baume wachsen, die eine von Diamant, die andre von Rubin und die dritte von Smaragd. Überdies sollte der Palast vergoldet und ihre ganze Geschichte darinnen abgemalt sein. »Mehr nicht als das?« sagte der Delphin. »Das ist mehr als zuviel«, antwortete die Prinzessin. »Ich sollte nicht meinen«, erwiderte der Delphin, »denn es ist schon alles bereit.« – »Nun wünsche ich noch«, fuhr Livorette fort, »einen Umstand zu wissen, der mir vieles Nachdenken verursacht hat und der dir vielleicht nicht unbekannt ist.« – »Ich verstehe«, sagte der Delphin, »du möchtest wissen, wer der Vater zu deinem Kinde ist. Dies ist niemand anders als dein Kanarienvogel Bibi, und dieser Bibi ist Prinz Alidor, der hier neben dir sitzt.« – »Delphin«, schrie Livorerte, »du spottest meines Unglücks!« – »Ich schwöre dir«, antwortete der Delphin, »bei dem Dreizack Neptuns und Amphitritens Spindel, ich schwöre bei deinen schönen Augen, daß ich ein Fisch bin, welcher auf Ehre hält, und nie ein Wort sage, das nicht die strengste Wahrheit ist.«

»Aber mein Himmel«, fuhr Livorette fort, »wenn ich auch deinen Schwüren glauben wollte, so ist mir doch unbegreiflich, wie mein Bibi und Alidor eine Person sein sollen. Indes befehle ich dir, dem armen Alidor seine Vernunft wiederzugeben, ihn mit allen Reizen und aller Anmut auszuschmücken und mir zu sagen, warum du ihn einen Prinzen nennst.« Der Delphin gehorchte auf der Stelle; und Livorette erfuhr den ganzen Ablauf ihrer sonderbaren Schicksale.

Während sie sich mit dem gefälligen Fisch unterhielt, landete die Tonne an einer Insel; der Delphin warf sie ans Land, und sie öffnete sich. Alidor fiel Livoretten zu Füßen; er hatte seinen Verstand wiederbekommen, und seine Züge hatten sich so verändert, daß man ihn mit Mühe erkannte. Er bat sie wegen seiner Verwandlung auf das zärtlichste um Verzeihung, und sie konnte nicht umhin, ihm ein Vergehen zu verzeihen, wozu ihn die heftigste Leidenschaft getrieben hatte.

Die Prinzessin war sehr vergnügt. Sie war dem Augenblick der schrecklichsten Gefahr entgangen, und seit länger als vier Jahren hatte sie das Tageslicht nicht anders als mit weinenden Augen gesehn. Sie dankte den Göttern für ihre Rettung und dann dem Delphin, der ihr zur Hilfe gesendet worden war. Der Prinz war nicht weniger glücklich. Als sie noch in dem ersten Genuß ihrer Freuden waren, hörten sie den Schall von Trompeten, Pfeifen und Trommeln und ein lautes Wiehern von Pferden. Es waren die Equipagen des Prinzen und der Prinzessin, mit ihrer sämtlichen Leibgarde. Einige Damen kamen ihnen entgegengefahren und stiegen aus, sie zu bewillkommnen und ihr zu sagen, daß sie Befehl von dem Delphin erhalten hätten, sie als Häupter dieser Insel zu betrachten, und daß sie eine große Anzahl treuer Untertanen finden würden. Alidor und Livorette empfingen sie mit der größten Höflichkeit und freuten sich, die Bekanntschaft so artiger Personen zu machen. Sie setzten sich hierauf in einen offenen Wagen, der von acht geflügelten Pferden gezogen wurde, die sich von Zeit zu Zeit in die Luft erhoben und sich dann sanft wieder herunterließen.

Sie befanden sich noch in der mittleren Region, als sie an dem Abhang eines Hügels, der die Aussicht auf das Meer hatte, einen Palast entdeckten, dessen Mauern von Silber, aber so durchsichtig waren, daß man bis tief in die Zimmer hineinsehen konnte. Die Gärten, welche ihn umgaben, waren mit dem größten Geschmack angelegt. Dunkle Haine waren mit blumigen Auen vermischt, durch welche kristallene Bäche rieselten, die sich bisweilen in hohen Fontänen erhoben, bisweilen schäumend vom Felsen herabstürzten. Als der Prinz und seine Gemahlin in dieses Feenschloß eintraten, hörten sie von allen Seiten: »Es lebe unser König Alidor! Hoch lebe Livorette! Möchten sie Glück und Zufriedenheit in dieser Wohnung finden!«

Nachdem sie ein wenig ausgeruht und gespeist hatten, trat der königliche Schatzmeister in das Zimmer und fragte sie, ob es ihnen gefällig wäre, sich in die nächste Galerie zu begeben. Sie folgten ihm und fanden hier, längs der Mauer, eine Reihe von Brunnen, mit Eimern von Saffian und mit goldnen Reifen eingefaßt. Sie fragten den Schatzmeister, was diese Brunnen bedeuteten. Er antwortete, daß in denselben unversiegbare Quellen von Reichtümern strömten und daß man, um Geld zu haben, nur den Eimer hinabzulassen und die Münzsorte zu bestimmen brauche, welche man zu haben wünsche. Wer einen guten Gebrauch von dem Gelde zu machen wisse, der fände hier, soviel er wollte; aber man hätte Beispiele, daß Geizige, die das Geld nur in ihren Kästen zu verschließen wünschten, den Eimer voll Kröten und Schlangen heraufbrachten.

Der Prinz und die Prinzessin bewunderten diese Brunnen und stellten verschiedene Versuche an, welche die Wahrheit dessen bestätigten, was der Schatzmeister gesagt hatte. Sie besahen hierauf noch andere Merkwürdigkeiten des Schlosses, und als es Abend ward, begab sich Alidor in sein Schlafzimmer und die Prinzessin mit ihrem Sohn in das ihrige.

Livorette schlief bis um elf Uhr an den hellen Mittag; Alidor aber war schon früh aufgestanden, um auf die Jagd zu gehen und noch vor dem Erwachen seiner Geliebten zurück zu sein. Als er hörte, daß er ihr seine Aufwartung machen konnte, kam er in ihr Zimmer, von einigen Kavalieren begleitet, welche das geschossene Wildbret auf goldenen Schüsseln trugen und der Prinzessin zu Füßen legten. Zugleich bat sie Alidor, indem er sie in den lebhaftesten Ausdrücken seiner Liebe versicherte, daß sie eine Zeit bestimmen möchte, wo sie seine Treue krönen und ihm öffentlich ihre Hand geben wollte.

»Mein Prinz«, antwortete sie, »ich bin fest entschlossen, hierin durchaus nichts zu bestimmen, bis ich die Erlaubnis meiner königlichen Eltern habe.« Diese Antwort war ein Donnerschlag für den zärtlichen Alidor. »Wozu verdammt Ihr mich?« sagte er. »Wißt Ihr nicht, daß es unmöglich ist, Eure Bedingung zu erfüllen? Wir sind kaum dem schrecklichen Tode entgangen, den uns Eure Eltern bestimmt hatten, und Ihr könnt glauben, daß sie in unser Glück einwilligen werden? Aber ich verstehe Euch. Ihr liebt mich nicht, und Ihr sucht diese Ausflucht, um Euch auf immer von meiner beschwerlichen Liebe loszumachen.« – »Ihr beurteilt mich unrecht«, antwortete Livorette. »Ich schätze Euch hoch, ich liebe Euch, und ich habe Euch alles das Unglück verziehn, das Eure Verwandlung mir zugefügt hat. Ihr hättet einen sicherern Weg nehmen können. Denn es ist nicht wahrscheinlich, daß mein Vater seine Tochter dem Sohne eines großen Königs sollte verweigert haben.«

»Die Leidenschaft schließt die kalte Überlegung nur

allzu oft aus«, erwiderte Alidor. »Ich wählte den Weg, der mich am schnellsten zum Glücke führte. Aber ich bin untröstlich, wenn Ihr den grausamen Entschluß nicht widerruft, den Ihr gefaßt habt.« – »Es ist mir unmöglich, ihn zu widerrufen«, antwortete Livorette. »Wißt, daß, als ich diese Nacht in tiefem Schlafe lag, jemand an mein Bett kam und mich stark am Arme zog; ich schlug die Augen auf und sah bei dem düstern Schein einer Fackel eine schreckliche kleine Figur, die mich mit blitzenden Augen ansah. ›Kennst du mich?‹ sagte sie zu mir. ›Nein, Madame‹, war meine Antwort, ›ich kann auch nicht sagen, daß ich Lust hätte, Eure Bekanntschaft zu machen.‹ – ›Du scherzest‹, versetzte die Gestalt. – ›Ich schwöre Euch, daß ich in vollem Ernste rede.‹ – ›Nun gut‹, antwortete jene, ›ich bin die Fee Grognette und habe große Ursache, mit dem Prinzen Alidor unzufrieden zu sein. Er hat sich auf meinen Felsen gesetzt, und er hat etwas an sich, was ich nicht leiden kann. Ich verbiete dir, ihn als deinen Gemahl zu betrachten, bis dein Vater und deine Mutter in eure Verheiratung willigen. Wenn du es wagst, mein Verbot zu mißachten, so werde ich mich an deinem Sohne rächen; er wird sterben, und tausendfältiges Unglück wird nach seinem Tode dich treffen.‹ Bei diesen Worten blies sie die Asche der Fackel auf mich; ich erschrak. ›Du fürchtest dich?‹ sagte die Fee. ›Nun, ich verzeihe dir, wenn du meine Befehle befolgst.‹«

Alidor erkannte die Gesinnungen seiner Feindin und beklagte sich bitterlich. Aber er mußte der unvermeidlichen Notwendigkeit weichen, wenn er das, was ihm das Liebste auf der Welt war, Grognettens Zorn nicht aussetzen wollte. Er hätte so glücklich sein können; und eine Kleinigkeit mußte seinem Glück im Wege stehn. Die Einwohner der Insel wetteiferten, ihrem Könige zu gefallen; und das Land selbst bot ihm die mannigfaltigsten Vergnügungen dar. Von Livorettens Liebe wurde er täglich mehr überzeugt.

Von Zeit zu Zeit begaben sie sich an das Ufer des Meeres, um den Delphin zu sprechen, der sie jederzeit mit Vergnügen sah; aber wenn sie mit ihm von der Fee Grognette sprachen und ihn um seinen Beistand baten, suchte er zwar ihren Kummer mit Trostgründen zu lindern, aber etwas Gewisses wollte er ihnen nie versprechen. So verstrichen zwei Jahre. Alidor faßte mehrmals den Entschluß, Gesandte an den König der Wälder zu schicken; aber der Delphin widerriet es ihm, weil Grognette sie zuverlässig umbringen würde.

Als Livorettens Mutter das traurige Schicksal ihrer Tochter, ihres Enkels und Alidors erfahren hatte, verfiel sie in eine tiefe Schwermut, welche ihre Gesundheit untergrub und sie gegen alle Freuden des Lebens unempfindlich machte. Jede Kleinigkeit erinnerte sie an ihre unglückliche Tochter, und in der Fülle ihres Schmerzes konnte sie sich nicht enthalten, dem König die bittersten Vorwürfe zu machen. »Grausamer Vater«, sagte sie, »ist es möglich, daß du einen so unmenschlichen Entschluß hast fassen können? Wir hatten nur diese einzige Tochter; die Götter hatten sie uns gegeben; nur der Götter Wille hätte sie uns entreißen sollen.«

Eine Zeitlang ertrug der König diese Vorwürfe mit philosophischem Gleichmut; endlich ergriff ihn das Gefühl seines Unglücks selbst. Er hatte seine Tochter zugrunde gerichtet; er hatte die Liebe seiner Gemahlin verloren; er fühlte sich allein und verlassen auf der Welt. Oft rief er aus, wenn er allein war: »Meine Tochter, ach, meine geliebte Tochter, was ist dein Schicksal gewesen? Einziger Trost meines Alters, warum hab ich dich einem unglücklichen Ehrgeize aufgeopfert? Ach! Ich kann niemanden anklagen als mich selbst und meine blinde Hitze.«

Eines Tages, da er ganz außergewöhnlich niedergeschlagen war, gestand er der Königin, daß seit dem unglücklichen Tage, an dem er Livoretten in das Meer hatte stürzen lassen, er keinen ruhigen Augenblick mehr genossen hätte. Ihr klagender Schatten verfolge ihn überall; er höre das Winseln ihres Kindes, und er sehe voraus, daß sein Schmerz ihn verzehren würde. Dieses Geständnis vermehrte den Schmerz der Königin. »Ach«, sagte sie, »was fangen wir an, uns zu trösten?« Der König sagte, er habe von einer Fee reden hören, die seit einiger Zeit in dem Walde der Bären wohne: diese wolle er um Rat fragen, »Ich werde sie beglücken«, erwiderte die Königin, »wiewohl ich nicht weiß, was wir bei ihr tun können. Denn der Tod unserer geliebten Livorette und ihres Kindes ist leider nur allzu gewiß.«

Der König ordnete desungeachtet die Reise an. Er fuhr mit seiner Gemahlin bei Anbruch des Tages fort, und die Fee, welche seine Ankunft in den Sternen gelesen hatte, kam ihm eine Strecke entgegen, um ihn zu empfangen.

Als die Reisenden die Fee erblickten, stiegen sie aus, umarmten sie und weinten bitterlich. »Majestät«, sagte die Fee, »die Veranlassung Eurer Reise ist mir nicht unbekannt. Eine heftige Reue über den Tod Eurer Tochter verzehrt Euch; und ich weiß Euch keinen anderen Rat zu geben, als ein gutes Schiff zu besteigen und nach der Delphineninsel zu fahren. Sie ist sehr weit von hier; aber Ihr werdet da eine Frucht finden, welche Euch Euren Schmerz vergessen machen wird. Verliert keinen Augenblick. Es ist dieses das einzige Mittel, Euch zu trösten.«

Der König und die Königin dankten der Fee für ihre Teilnahme und ihren guten Rat, überhäuften sie mit Geschenken und baten sie, während ihrer Abwesenheit für die Verwaltung des Reichs zu sorgen. Die Fee versprach es ihnen; und nun kehrten sie mit etwas leichterem Herzen nach Hause zurück.

Das Schiff war bald ausgerüstet, und sie überließen sich den Wellen unter Führung eines Steuermanns, der auf der Delphineninsel gewesen war. Einige Tage war der Wind ihnen günstig, endlich aber wurde er ihnen so widrig, und der Sturm nahm so überhand, daß das Schiff an einen Felsen geworfen wurde und scheiterte. In einem Augenblick waren alle Passagiere zerstreut, und jeder suchte sein Leben zu retten, so gut er konnte.

Während dieser Zeit dachte der König an nichts als an seine Tochter. Ich habe die Züchtigung verdient, die mir die Götter zuschicken. Warum hab ich Livoretten und ihren Sohn der Wut der Wellen übergeben. – Diese Vorstellung quälte ihn so, daß er das Ende seines Lebens als ein Glück zu betrachten anfing, als er ganz unverhofft die Königin auf einem Delphin sitzen sah, der sie beim Herausfallen aus dem Schiff aufgefangen hatte. Sie streckte ihre Arme nach dem König aus und betete zu den Göttern, daß der Delphin doch auch zu ihrem Gemahl gelangen und ihn retten möchte. Es geschah. In dem Augenblick, da der König im Begriff war unterzusinken, näherte sich ihm der Delphin und nahm ihn, mit Hilfe der Königin, auf den Rücken. Jetzt schöpften sie beide wieder einigen Mut, da sie sahen, daß sich der Himmel ihrer so sichtlich annahm. Gegen Abend setzte sie der Fisch an das Land.

Dies war nun gerade die Insel, auf welcher Livorette und Alidor lebten. Sie gingen an dem Ufer spazieren; Livorette führte ihren Sohn an der Hand, und ein zahlreicher Hofstaat begleitete sie, als sie zu ihrem großen Erstaunen zwei Leute auf dem Rücken des Delphins heranschwimmen sahen. Sie gingen ihnen entgegen, um sie in der Nähe zu sehen und sie willkommen zu heißen – und wie groß war ihre Überraschung, als sie den König und die Königin erkannten! Sie merkten bald, daß sie selbst nicht erkannt wurden; und dies war sehr natürlich, da Livorettens Eltern sie sechs Jahre nicht gesehen hatten und Alidor so sehr zu seinem Vorteile verändert worden war. Der Prinz endlich war in dieser Zeit auch viel größer geworden, und so war es sehr begreiflich, daß den beiden Majestäten gar der Gedanke nicht beifiel, ihre Tochter und ihren Enkel vor sich zu haben.

Livorette war kaum imstande, ihre Tränen zurückzuhalten; das Herz schwoll ihr so sehr an, daß sie fast kein Wort vorbringen konnte. »Ach, Madame«, sagte der König, »Ihr seht hier einen unglücklichen Monarchen und eine trostlose Königin; wir haben weit von hier Schiffbruch erlitten, unsere ganze Reisegesellschaft ist umgekommen, und wir haben nichts als unser Leben gerettet, das selbst nur noch einen geringen Wert hat.« – »Majestät«, antwortete die Prinzessin, »Ihr hättet an keinen Ort kommen können, wo man sich ein größeres Vergnügen daraus gemacht haben würde, Euch aufzunehmen und Euch Eure Unfälle vergessen zu machen. Erlaubt mir«, sagte sie zu der Königin, »daß ich Euch umarme.« Bei diesen Worten fiel sie ihr um den Hals, und die Königin drückte sie fest an ihre Brust, und sie fand, daß sie ihrer geliebten Livorette ähnlich sah. Alidor bot ihnen seinen Wagen an, und sie fuhren zusammen in das Schloß. Hier tat man alles, um den hohen Gästen Vergnügen zu machen; aber was ihnen die meiste Freude verursachte, war, daß die Schiffe des Prinzen, welche sich nicht weit von dem Orte befunden hatten, wo der König Schiffbruch litt, die sämtliche Mannschaft gerettet hatten und sie glücklich mit auf die Delphineninsel brachten.

Eines Tages erzählte die Königin Livoretten die Veranlassung ihrer Reise und bat sie, ihr Mittel zu schaffen, wieder in ihr Reich zurückzukehren. »Ach«, sagte sie, »die Fee hatte uns versprochen, daß wir auf der Delphineninsel Trost gegen unsere Leiden finden würden. Wir sind durch ein sonderbares Schicksal auf dieselbe geführt worden, aber außer der gütigen Aufnahme, die Ihr uns gewährt habt, haben wir für unsern Kummer keinen Trost gefunden.«

Livorettens Herz hätte bei dieser Erzählung zerspringen mögen; Ströme von Tränen flossen über ihre Wangen herab. Die Königin dankte ihr für ihre Teilnahme, umarmte sie und bat die Götter, sie mit ihrem Sohn zu erhalten und sie gegen alle widrigen Schicksale zu schützen.

Jetzt war das Schiff für den König und seine Gemahlin ausgerüstet und der folgende Tag zur Abreise bestimmt. Noch hatten sie eines der größten Wunder des Palastes nicht gesehen; dies war der schöne goldne Baum mit silbernen Ästen und mit den drei Orangen von Diamanten, Rubinen und Smaragden. Drei Wächter bewachten ihn Tag und Nacht, damit sich niemand unterfinge, ihn zu berauben. Den letzten Tag erst wurden sie zu diesem Baum geführt; und sie brachten lange Zeit damit zu, ihn mit der größten Aufmerksamkeit zu betrachten.

Als sie wieder in das Schloß zurückkamen, erwartete sie eine prächtige Mahlzeit; aber in dem Speisesaal war nur für zwei Personen gedeckt. Der König fragte nach der Ursache, und man antwortete ihm, der Wirt und die Wirtin wollten heute die Ehre haben, ihre Gäste selbst zu bedienen. In der Tat baten sie die Majestäten, sich zu setzen, und Alidor, Livorette und der Prinz warteten ihnen auf. Als sie mitten in der Mahlzeit waren, traten die Wächter des goldnen Baums in den Saal und meldeten mit erschrockenen Mienen, daß der Baum seiner Zierde beraubt wäre und daß niemand anders diesen Diebstahl begangen haben könnte als die Personen, die ihn zuletzt besucht hätten. Der König und die Königin, welche wohl merkten, daß auf sie gezielt wurde, standen beleidigt auf und erboten sich, alle ihre Taschen in Gegenwart des ganzen Hofes auszuleeren. Der König riß auch sogleich seine Schärpe ab, und die Königin öffnete ihr Korsett, als, o Wunder, die Orangen hervorrollten. »Himmel«, rief die Prinzessin aus,

»vergeltet Ihr uns die gute Aufnahme, die Ihr bei uns gefunden habt, auf diese Art?« Der König und die Königin waren in der größten Verwirrung, suchten sich zu rechtfertigen und versicherten hoch und heilig, daß sie einer so niederträchtigen Handlung nicht fähig wären.

Nachdem dieses einige Augenblicke gedauert hatte, warf sich Livorette ihren Eltern zu Füßen und sagte zu ihnen: »Ihr seht hier Eure unglückliche Tochter zu Euren Füßen, die Ihr mit Alidor und ihrem Sohn den Wellen übergeben habt. Ihr verurteilt mich wegen eines Verbrechens, in welches ich niemals gewilligt hatte und das mir ebenso unbekannt war wie Euch der Diebstahl dieser kostbaren Früchte, die man in Euren Kleidern zu verstekken gewußt hat. Habt die Gnade, meiner Versicherung zu glauben und mir zu verzeihen.«

Diese Worte machten einen tiefen Eindruck auf das Herz des Königs und der Königin. Sie hoben ihre Tochter von der Erde auf und erstickten sie fast mit ihren Küssen und Umarmungen. Alidor erhielt, wie man denken kann, leicht Verzeihung. Die Hochzeit des Prinzen und der Prinzessin wurde mit der größten Pracht gefeiert. Der Delphin erschien dabei unter der Gestalt eines schönen und geistreichen Prinzen und empfing den Dank der sämtlichen Anwesenden. An Alidors Vater wurde eine Gesandtschaft abgeschickt, um ihm diese glücklichen Neuigkeiten zu melden und ihm die Schicksale seines Sohns zu erzählen. Der Prinz und die Prinzessin kehrten in das Reich des Königs der Wälder zurück und lebten hier lange und glücklich. Ihrem Sohn blieb die Delphineninsel zum Eigentum.

Terry Bisson
Die Botschaft

Die Stimme in der Telefonleitung war zwar sehr leise, aber dennoch artikuliert: »Unser Anruf ist durchgekommen.«

»Ich bin schon unterwegs.«

Obwohl ich seit Jahren darauf gehofft und hingearbeitet und auch dann davon geträumt hatte, wenn ich mit anderen Dingen beschäftigt war, konnte ich es kaum glauben. Geschweige denn Janet erklären.

»Das war Beth am Telefon«, sagte ich.

»Und du gehst jetzt.« Sie fragte nicht, sondern stellte fest.

»Wir beide haben doch immer schon damit gerechnet.«

»Du brauchst nicht zurückzukommen.«

»Janet…«

Doch sie hatte sich schon zur Seite gedreht und tat so, als sei sie eingeschlafen. Es war fast zu hören, wie das Band zerriß, das Band einer achtjährigen Ehe, das uns zusammengehalten hatte, sowohl in den kleinen Colleges als auch in den Zentren für Meeresforschung und während der langen Winter von Woods Hole.

Es war nicht mehr zu flicken. Ich nahm ein Taxi zum Flughafen.

Der Flug nach San Diego schien nicht enden zu wollen. Kaum hatte ich die Maschine verlassen, rief ich Doug in Flying Fish an.

»Erinnerst du dich an dein Versprechen, alles liegen-

und stehenzulassen und mich zur Insel zu bringen, wenn wir denn schließlich Erfolg hätten?«

»Wir treffen uns am Hangar«, antwortete er.

Der Motor von Dougs uralter Cessna lief schon warm, als ich dort eintraf. Ich brachte zwei Becher Kaffee mit, der schwarze war für ihn. Bevor einer von uns ein Wort verloren hatte, waren wir über Point Loma in der Luft und in westlicher Richtung unterwegs.

»Der Fisch hat also endlich den Durchbruch geschafft«, sagte er.

»Delphine sind keine Fische; das weißt du doch«, entgegnete ich.

»Die hatte ich auch nicht im Sinn. Ich sprach von Leonard. Er verbringt so viel Zeit unter Wasser, daß es mich nicht wundern würde, wenn ihm Kiemen wüchsen.«

Doug flog zweimal monatlich zur Insel hinaus, um meine Partner mit allem Nötigen zu beliefern. Als das Festland hinter uns im Dunst verschwand, dachte ich an die vielen Jahre unserer Forschung zurück, im Zuge derer wir schließlich an diesen entlegenen Vorposten im Pazifik gelangt waren.

Uns waren von der Navy alle Mittel gestrichen worden, als wir uns gegen eine waffentechnische Verwertung unserer Daten entschieden zur Wehr gesetzt hatten. Dann zog auch die Uni von Stanford ihre Unterstützung zurück, weil wir nicht wollten, daß sie unsere vorläufigen Ergebnisse publizierte. So ging uns eine um die andere Beihilfe verloren, wie einem Baum die Blätter, und wie eines dieser Blätter sah ich nun auch meine Ehe zu Boden fallen. Janet und ich gingen schon seit Jahren getrennte

Wege, genaugenommen seit dem Tag, da ich die mir angebotene Festanstellung ablehnte, um mein Lebenswerk fortsetzen zu können. – Das Projekt.

»Da ist sie, Doc.«

Die Insel war uns von Alejandro Martinez überlassen worden, jenem Salpetermilliardär, der in Mexico City im Sterben lag. Sie war ein kleines Eiland, rund eine Meile lang, auf der einen Seite von Seehunden bewohnt, auf der anderen bestückt mit den grauen (delphinfarbenen, wie mir zum ersten Mal auffiel) Glasfiber-Modularen unseres Projekts.

Doug steuerte die kleine 172 geradewegs auf den kurzen Landestreifen zu, der am Rand der Insel freigeschaufelt worden war. Ich fragte mich, wie er dieses Manöver wohl bei Nebel oder starkem Wind bewältigte. Trotz Vollbremsung blieben am Ende nur knapp zehn Meter Piste übrig.

Beth erwartete uns in einem Jeep mit laufendem Motor. Als ich das strahlende Lächeln auf ihrem breiten Gesicht gewahrte, fragte ich mich, wie es nun um mich stünde, hätte ich meine Ehepartnerwahl nicht von Schönheit abhängig gemacht, sondern von der Aussicht auf Harmonie. Sie und Leonard waren schon lange glücklich miteinander.

»Willkommen!« brüllte sie über Wind und brausende Brandung hinweg. »Willst du mit uns feiern, Doug? Heute ist unser großer Tag.«

»Davon laß ich mich um nichts in der Welt abhalten«, antwortete er und schaltete den Motor aus. »Wo ist der Fisch?«

»Unten im Pool, nehme ich an«, sagte Beth. »Kommt und geht. Welches intelligente Wesen würde wohl auch mit uns kommunizieren wollen, wenn wir es gefangenhielten?«

»Laß dich nicht verarschen«, warf ich ein. »Er meint Leonard.«

»Den meine ich auch«, sagte sie lachend.

Mir wurde angst und bange neben Beth, als sie mit Vollgas (»Wir sind hier immerhin in Mexiko!«) über das einzige kurze Straßenstück der Insel in Richtung Labor raste, das über die Felsen hinausragte. Es sah aus wie ein grauer und rosafarbener Korallenstock, den die Flut an Land gespült hatte. Der Pool, den es umschloß, war an drei Stellen mit dem offenen Meer verbunden.

Leonard trug, wie gewöhnlich, einen Gummianzug. Er hielt sich auf dem überdachten Oberdeck auf, stopfte ein Seetang-Sandwich in sich hinein und starrte auf den Computermonitor.

»Ist sie angekommen?« fragte ich.

»Die Nachricht? Ja.« Er blickte zu mir auf, und sein Gesicht glänzte naß – von Tränen oder Meerwasser.

Wir umarmten uns. Beth gesellte sich dazu. An dem Triumph hatte jeder gleichen Anteil. Vor zwölf Jahren hatten Leonard und ich mit dem Projekt begonnen. Er hatte die Feldarbeit unter Wasser geleistet, sie den Stimmensynthesizer entworfen und gebaut und ich das Programm dafür geschrieben.

Während ich mich in meinen Tauchanzug zwängte, erklärte Beth unserem verdutzten Piloten Doug, was uns gelungen war. Bislang hatten wir ein Geheimnis daraus gemacht. »Alle früheren Versuche, mit Delphinen zu kommunizieren, scheiterten am Zeitfaktor«, sagte sie. »Es war dann Doc, der herausfand, daß sie sich nicht als Individuen begreifen, sondern ausschließlich kollektiv. Zunächst mußten wir sie davon überzeugen, daß wir, die aus Individuen bestehende Menschheit, tatsächlich denken und kommunizieren können. Es scheint, sie glaubten, daß wir nur zu reaktivem Verhalten in der Lage sind.«

»Und wie erklärten sie sich unsere Städte? Die Schiffe?« fragte Doug. »Die Menschen fahren doch schon seit Jahrhunderten zur See.«

»Ja, das ist ihnen sehr wohl bewußt. Aber sie kennen auch Korallenriffe und Muschelschalen. Das sind ebenfalls gebaute Dinge. Das Barrier Reef vor der australischen Ostküste zum Beispiel, ein gigantisches Bauwerk, größer als unsere größten Städte. Und auf solche Dinge legen sie selbst keinen Wert.«

»Die Leistung ihrer Zivilisation ist eine rein gedankliche«, schaltete Leonard sich ein. »Sie bauen an einem großen Gedanken, und das schon seit über tausend Jahren. Es ist ein riesiges Projekt, über dessen Dimensionen wir uns keine Vorstellung machen können.«

»Sie halten sich also für was Besonderes und unsereins für uninteressant«, sagte Doug.

»Reg dich nicht gleich auf«, erklärte Beth lachend. »Sie denken nicht wie wir in Wörtern. Wörter sind gewissermaßen nur eine Verlängerung der Hände, Instrumente zum Erfassen. Damit können sie nichts anfangen, weil es ihnen nicht darum geht, Ideen zu erfassen und zu manipulieren. Und so haben wir all die Jahre nach der Möglichkeit gesucht, ihre Vorstellungen in Wörter zu übersetzen.«

Es war fast geschafft. Ich trank einen Schluck Kaffee. Meine Hand zitterte.

»Problematisch war vor allem der Zeitrahmen«, erklärte Leonard. »Wir sprechen sozusagen häppchenweise. Sie dagegen führen ihre Gespräche entlang jahrhundertealter Stränge. An persönlichen Unterredungen sind sie nicht interessiert. Sie kommunizieren mit dem jeweils eigenen, sich entwickelnden Selbst und ihren Nachfahren. Fertig?«

Die Frage war an mich gerichtet. Ich nickte.

Leonard führte mich über Stufen hinab auf die Ebene des Pool. Beth und Doug folgten. Wie ein großes Herz pulsierte draußen die Brandung.

»Nach dem, was du gesagt hast, kommt's mir immer noch so vor, als hätten sie überhaupt keine Lust, mit uns ins Gespräch zu kommen«, protestierte Doug.

»O doch«, erwiderte Leonard. »Es hat sie sogar sehr gefreut, von uns zu hören. Du siehst, sie wissen, wer wir sind.«

»Sie erinnern sich«, fügte Beth hinzu.

»Sie wollen uns eine Mitteilung machen«, fuhr Leonard fort.

»Zur Formulierung dieser Botschaft haben sie einunddreißig Monate gebraucht«, sagte Beth. »Daran waren Tausende von Individuen beteiligt.«

»Hören wir uns an, was sie zu sagen haben«, meinte Doug. Wir lachten über seine so typisch menschliche Ungeduld.

»Doc zuerst«, sagte Leonard. »Der Synthesizer funktioniert nur unter Wasser.« Er führte mich ans Ende des Pools, wo mehrere Delphine, würdevoll und perlgrau, auf uns warteten wie Gesandte in der Empfangshalle einer Botschaft.

Ich stieg ins Wasser. Es war kalt, fühlte sich aber gut an. Die Delphine stupsten mich an und tauchten ab. Ich wäre ihnen gern gefolgt, hatte aber nur den Neoprenanzug an und kein Atemgerät dabei.

»Fertig?« fragte Leonard.

Ich nickte.

»Tunk den Kopf ein und sperr die Ohren auf.«

Ich schwebte im Wasser. Eine dunkle Stimme hallte mir durch Mark und Bein, eine Stimme, die ich aus einem weit zurückliegenden Traum wiedererkannte:

»Komm nach Hause. Es ist alles vergessen.«

Michael Wallner

Die Delphindompteurin

Das Delphinarium von Coney Island glich einer Muschel. An der gerundeten Seite erhoben sich die Zuschauertribünen, hinter dem Bassin sah man das Meer. Henrietta hatte zuletzt im *Seaquarium Miami* gearbeitet. Sechs Delphine, fünf Große Tümmler und ein Jacobitadelphin, gehörten zu ihrer Truppe. Als der Manager der *Sea World* in Coney Island ihr das Angebot machte, nach New York zu kommen, sagte sie zu. Ein Tanker wurde gemietet, von Ölrückständen gesäubert, man füllte ihn mit frischem Salzwasser und setzte die Delphine darin aus. Henrietta unterbrach das Training auch während der Reise nicht. Die Eröffnung von *Sea World* war ein Triumph für Henrietta und ihre Delphine. Ganz New York riß sich um die Karten. Anfang Mai 1953 feierte die Show ihr einjähriges Jubiläum.

[...]

Henrietta legte ihre grüne Unterwäsche auf die grünen Strümpfe, stellte die hochhackigen grünen Schuhe in die Ecke, und während sie in den grünen Badeanzug schlüpfte, mußte sie an Miami denken. Mit sechzehn war sie von New York weggezogen, nachdem die Zieheltern ihr eröffnet hatten, sie sei als Säugling zur Adoption freigegeben worden. Sie ging nach Florida, weil es dort warm war. Mehr Gründe brauchte Henrietta nicht. Nach einigen Verhältnissen mit älteren Männern wollte sie etwas Nützliches tun und versuchte es mit Krankenpflege. Sie hielt nicht lange durch. Die Wirklichkeit von Krankheit und Tod hatte nichts mit der romantischen Helferrolle zu tun, in der sie sich sah. Sie studierte modernen Tanz, das Geld ging ihr aus, als Stripteasetänzerin wollte sie nicht arbeiten und landete in einem Automatenbuffet. Dort schüttete sie einem Mann kochend heißen Kaffee in den Schoß. Er verliebte sich in sie, entpuppte sich als reicher Texaner und nahm Henrietta auf seinem Zweimaster über den Atlantik mit. Eines Nachts ging er betrunken über Bord. Sie hörten seine Schreie, konnten ihn aber in der Dunkelheit nicht ausmachen. Die Stimme entfernte sich. Im Morgengrauen hatten sie ihn aufgegeben. Da hörten sie Geschnatter am Bug, stürzten hin und glaubten nicht, was sie sahen. Der Texaner, mehr tot als lebendig, wurde von zwei Delphinen über Wasser gehalten. Sie hatten ihre Köpfe unter seine Achseln geschoben und hielten ihn so lange, bis er an Bord gehievt worden war. Die Tiere begleiteten das Schiff noch mehrere Stunden. Seit diesem Tag ließen die Delphine Henrietta nicht wieder los. Aber je intensiver sie sich mit ihnen beschäftigte, desto stärker wurde der Wunsch, mit ihnen zu sprechen. Ihre brennendste Frage war: Gab es eine Delphinsprache, und konnte ein Mensch sie erlernen?

Sie hatte sich neben der Dusche zu Boden gleiten lassen, ihre Zehen spielten mit dem Plastikvorhang. Ein rhythmisches Geräusch drang von draußen herein. Da wurde geklatscht. Die Show! Sie hatte die Show völlig vergessen. Durch das Fenster sah sie den dicken Manager heranprusten. Er klopfte.

»Wo bleibst du, Hen! Die Kinder fangen an, Popcorn ins Becken zu werfen!«

»Sekunde! Ich bin gleich soweit.«

Er ging. Sie schob ihr rotbraunes Haar unter die Badekappe. Als sie die Umkleidekabine verließ, fiel ihr der Traum ein, den sie seit Tagen träumte. Im Traum lief sie nachts weinend ans Bassin. Die Delphine kamen, als letzter der weiße Henry. Er schwamm nahe an Henrietta heran, legte den Kopf in ihren Schoß und sagte: ›Laß mich hinaus ins offene Meer.‹ Sie öffnete die Schleuse, Henry schlüpfte durch. Die andern machten nicht den Versuch, ihm zu folgen. Er kehrte vor Tagesanbruch zurück und trug eine blauschimmernde Muschel im Maul. – ›Öffne sie.‹ – Henrietta brach die Muschel auf. Vor ihr lag eine Perle, farbenprächtiger als sie je eine gesehen hatte. Damit erwachte sie, jedesmal. Nie ging der Traum weiter.

Sie sah zu den Tribünen. Einige Kinder hatten sie entdeckt, sprangen auf und schrien begeistert. Henrietta winkte ihnen zu. Sie streichelte Henry, der mit fröhlichem *Jagagag* antwortete, legte sich auf die Rücken der Tümmler, pfiff, und die Tiere schwammen geordnet in die Arena. Die Show begann. Henrietta ließ sich ins Wasser gleiten und gab Henry ein Zeichen. Er sprang, drehte sich in der Luft, verharrte einen Augenblick, das Licht brach sich in der Wasserfontäne, dann tauchte er wieder ein. Die Kinder klatschten.

[...]

»Was wollten Sie mir erzählen?« »Meine Mutter hieß Henrietta«, beginnt er. »Sie hat mir das Schwimmen beigebracht, bevor ich laufen konnte. Ich erinnere mich, als ich ungefähr vier war, wurde sie immer trauriger. Tagelang saß sie vor dem kleinen Fenster im Bad, von wo man das Meer sehen konnte. Saß nur da und sagte kein Wort. Manchmal hörte ich sie durch die Tür hindurch weinen.«

Cron hüllt sich enger in sein Tuch.

»Es war eine schwere Zeit. Aber davon will ich nicht erzählen. Was ich viel später erfuhr, war, daß meine Mutter in der Nacht ihres Verschwindens die Schleusen geöffnet hatte und alle Delphine in die Freiheit entließ. Der Mann im schwarzen Anzug hatte einen Abschiedsbrief für mich. Darum nahm die Polizei an, daß es sich um Selbstmord handelte. Nach ein paar Monaten wurde ein Totenschein ausgestellt. Zu meinem vierzehnten Geburtstag überreichte mir der Notar einen roten Stein. Das Geschenk meiner Mutter.«

Cron macht eine Pause. Er knetet den kleinen Finger seiner rechten Hand.

»Es geschah, kurz bevor ich Sabina kennenlernte«, fährt er fort. »Ich war damals schon Assistent an der *Columbia*. Eines Tages las ich in der Zeitung, daß die Delphine wieder aufgetaucht waren. Sie ließen sich nicht einfangen, aber wenn die Schiffe nicht zu nahe herankamen, schwammen sie konstant etwa eine Meile vor der Küste. Es war, als ob sie ihrem früheren Zuhause einen Besuch abstatten wollten. Am nächsten Morgen mietete ich ein Boot und ruderte aufs Meer hinaus. Ich war schon mehr als eine Stunde unterwegs, da tauchten sie plötzlich auf. Ich erkannte Henry sofort. Vom Schnabel bis zur Heckflosse war er vollkommen weiß. Er kam herangeschwommen, schnatterte, und seine klugen Augen sahen mich an. Ein anderer Delphin hielt sich dicht in seiner Nähe. Er schwamm ständig neben Henry, darum nahm

ich an, daß es ein Weibchen war. Henry stieß sie sanft ans Boot heran. Mit einem Mal hob sie den Kopf bis zu den Brustflossen über den Rand, und da erkannte ich Henrietta, meine Mutter. Sie faßte meine Hand mit dem Schnabel und hielt sie einige Sekunden lang fest. Dann schnellte sie hoch, drehte sich in der Luft und tauchte wieder ein. Gemeinsam mit Henry verschwand sie in der Tiefe. Ich ruderte langsam ans Ufer zurück.«

Günter Grass

Der Delphin

dem Apostel Paulus
und Peter Weiss gewidmet

Ich, gelehrig, sah im Sprung meinen Lehrer:
den Konvertiten hinter dem Mikrophon.
Hörte ihn abschwören und zerlachte ihm seine Beichte.
Schülergelächter. Delphinengelächter.
Er stülpte sich um, lächerlich um:
Damals war ich, heute bin ich.
Doch als er altbackenen Kuchen erbrochen
und frische Semmel getischt hatte,
als Saulus, gleich nach der Häutung,
in mir – ich sprang! –
den belehrbaren Delphin entdeckte,
als ich dran glauben sollte, dran glauben sollte,
säuerte Angst mein Gelächter:
ich sicherte den Ausgang,
tauchte und schwamm mich frei.

Robert Lowell

Delphin

Mein Delphin, allein durch Überraschung führst
Du mich –
gefangen wie Racine, der Künstereiche,
den durch die Labyrinthe seiner erznen Form
Phädras Stimme zog, umgetrieben, unvergleichlich.
Als mein Geist verstört war, tauchtest Du
nach meinem Körper,
verfangen im Henkersknoten tiefer Angelschnüre,
auf denen mein willführiger Bogen glasig kratzte …
Bin dagesessen und hab allzu vielen
Worten meiner mitverschwornen Muse zugehört,
hab wohl zu frei mein Leben ausgeheckt –
nicht vermieden, andre zu verletzen,
nicht vermieden, mich selber zu verletzen –
um nun Mitleid zu erbitten … dieses Buch,
halb Dichtung,
Aalnetz von Menschenhand, an dem der Aal
sich abkämpft –

mein Auge hat gesehn, was meine Hand getan.

Hilde Domin

Bitte an einen Delphin

für Christine Busta

Jede Nacht
mein Kissen umarmend wie einen sanften Delphin
schwimme ich weiter fort.

Sanfter Delphin
in diesem Meer von Herzklopfen,
trage mich,

wenn es hell wird,
an einen gütigen Strand.
Fern der Küste von morgen.

D. H. Lawrence
Sie sagen, das Meer sei ohne Liebe

Sie sagen, das Meer sei ohne Liebe und daß im Meer
keine Liebe leben kann, sondern einzig armselige
Salzsplitter
lieblosen Lebens.

Doch aus dem Meer empor
springen die Delphine rund um das Schiff des Dionysos,
dessen Maste purpurne Weinreben umwinden,
emporschießen sie mit dem purpurnen Dunkel der
Regenbogen
und flip! davon sind sie, niedertauchend
mit ihren Nasen, in reiner Seligkeit;
das Meer schenkt sich in Liebe dem Dionysos
in den Sprüngen dieser kleinen glückseligen Wale.

Ernst Penzoldt

Der Delphin

> Heut bedarf's der kleinsten Reise
> zum vollgültigen Beweise,
> daß wir mehr als Fische sind.
>
> Faust II

»Ich sammle Kellner«, sagte der mitteilsame Fremde, der sich unaufgefordert zu mir an den Tisch gesetzt hatte, »ich sammle sie mit Leidenschaft wie andere Leute Fayencen, Hinterglasbilder oder Geigenschnecken, was ich freilich immer als barbarisch empfunden habe. Denn sie sägen dazu doch wahrhaftig mir nichts dir nichts den herrlichsten Instrumenten den Hals ab und hängen die Schnecken in Glasschränken auf wie Skalps. Denn nur um sie ist es ihnen zu tun. Ich meinesteiles sammle Kellner. Es sind sehr merkwürdige Menschen, obwohl, wie schließlich in jedem Beruf, ausgemachte Spitzbuben darunter sind. Ich kenne den Wiener Kellner so gut wie den Pariser, den von San Franzisko so gut wie den in Kapstadt oder Peking mit ihren landesüblichen Eigenheiten, aber, wo auch immer in der weiten Welt ich ihnen begegnete, alle waren unverwechselbar Kellner, ich meine, sie bilden innerhalb der Menschheit, ob sie nun weiß, gelb oder schwarz seien, eine besondere Gattung, eine Art Orden wie die Davidsbündler oder Rosenkreuzer. Ich traf unter ihnen wahre Meister ihres Faches, Tänzernaturen, denen zuzusehen allein schon einen künstlerischen Genuß bereitet, Menschenkenner von hohen Graden und bedeutende Philosophen, wenn Sie wollen, auch Dichter. Machen Sie einmal den Versuch, Ihre Freunde oder bekannte Persönlichkeiten sich als Kellner vorzustellen. Das ist sehr lustig und aufschlußreich. Ich wurde nicht müde, mir von dem kleinen buckligen Kellner in Wien die Speisekarte erklären zu lassen. Er wußte mit Worten die einzelnen Gerichte vor meinen Augen köstlich zuzubereiten, er besang sie, und was der Schenke in Perugia mir vom Wein erzählte, das kann ich nur als orphisch bezeichnen. Einen anderen traf ich in Kairo, der war ein Zauberer. Er setzte eine Terrine auf den Tisch und ließ mich wünschen, was darinnen sein sollte. Ich riet aufs Geratewohl: Schneehuhn mit Champignons in Burgundersoße. Er nahm seine Serviette – ich glaube, die Serviette ist die materialisierte Seele des Kellners –, deckte sie darüber, murmelte Hokuspokus und hob den Deckel auf. Es war Schneehuhn! Aber die Zierde meiner Sammlung, eine meiner frühesten Erwerbungen übrigens, fand ich auf der Insel Anthos. Hören Sie zu. Ich schenke Ihnen die Geschichte. Aber: ein Drittel Wein, ein Drittel Tabak, ein Drittel Phantasie, das ist mein Rezept.«

Also ließ ich ihm ein Glas bringen, schenkte ein und schob ihm meine Zigaretten hin. Denn ich hatte, noch ehe der Ober, einer von der tänzerischen Art übrigens, mit einem vielsagenden, warnenden Blick über die Natur meines Gastes mich ins Bild gesetzt hatte, erraten, daß der Fremde von seinen Geschichten lebte. Ein hartes Brot fürwahr. Denn nicht immer mochte er ein so williges Ohr finden wie bei mir, obwohl er durch lange Übung einen Blick dafür gewonnen hatte, wem er sich zumuten dürfe. Sonst hätte er sich ganz gewiß nicht zu mir gesetzt.

Mir fiel damals gerade wieder mal gar nichts ein, so daß ich froh sein mußte, wenn mir jemand eine Geschichte schenkte. Man wird sich fragen, warum der wandernde Rhapsode sie nicht selber zu Papier brachte. Aber das war eben sein Verhängnis, daß er es nicht vermochte. Er erfand sie im Augenblick und hatte, wenn er begann, wahrscheinlich noch keine Ahnung, wie sie enden werde. Ich bedeutete dem besorgten Ober, daß ich im Bilde sei und daß es mir nicht darauf ankommen sollte, ein wenig gerupft zu werden. Denn mein Gegenüber, das sah man ihm an, war ein durstiger Erzähler. Er brauchte den Wein, um fabulieren zu können, und mußte fabulieren, um zu seinem Wein zu kommen.

»Also, hören Sie zu«, begann er, nachdem er die Flasche behutsam mit beiden Händen zum Licht gehoben, die Legende auf der Etikette mit Jahrgang und Wachstum kennerisch betrachtet, ihr zugenickt und mit einem prüfenden Schluck die Lippen gefeuchtet hatte, »von Anthos will ich erzählen, der blonden kleinen Insel, der göttlichen, von der dort zu Lande die Sage geht, sie sei vom Monde gefallen – man könnte es wahrhaftig meinen, daß sie nicht von dieser Erde sei – und von dem kummervollen Kellner Apollo und von der merkwürdigen Sache mit dem Fisch.«

»Apollo«, unterbrach ich ihn ungläubig, um ihm anzudeuten, daß ich wohl merkte, wie bedenkenlos er in der Wahl seiner Namen sei, »hieß er wirklich so?«

»Doch, doch«, beharrte der Fremde leicht verstimmt, »ich kann's nicht ändern, er hieß tatsächlich Apollo, obwohl er durchaus nichts an sich hatte von dem lichten, leuchtenden Musageten, dem heilenden, reinigenden delphinischen Gott. Er glich vielmehr dem unglücklichen Marsyas, wenn er auch kein Flötenspieler war, kein Künstler jedenfalls wie jener, der sich vermaß, mit einer Gottheit in musikalischen Wettstreit zu treten. Welch ein Unrecht! Ich meine von dem Gott der Leier, daß er darauf einging. Welche Göttergrausamkeit! Mein Mitgefühl stand immer auf des armen, geschundenen Marsyas' Seite, des großen Künstlers. Ist es Ihnen schon aufgefallen, daß viele Künstler und Weise sein Antlitz tragen, daß sie Satyrgesichter haben wie Sokrates oder Verlaine? Der Kellner von Anthos glich einem Satyr. Sie kennen den Marsyas des Myron, so etwa sah er aus, oder aber wie der tote Zentaur auf der Schale in München. Ich werde sein Gesicht nie vergessen. – Die Insel mit dem reizenden Städtchen gleichen Namens kannte dazumal kein Mensch, als ich sie zum ersten Male besuchte aus purer Neugier. Denn ich war jung und hatte es mir in den Kopf gesetzt, die ganze Welt sehen zu müssen. Heute weiß ich, daß das gar nicht nötig ist. Es genügt, an einer Ecke des Lebens zu stehen, wenn man sich nur Zeit läßt und nicht ungeduldig wird. Ungeduld ist ein gefährliches Laster. Die Welt kommt ganz von selbst zu einem, ob man will oder nicht. In meines Großvaters Haus (er hatte die Gegend nie verlassen und konnte weder lesen noch schreiben) saß eines Tages Goethe am Tische, von einem Ritte rastend, und auch Napoleon kam mit seinem Schlitten vorüber von Rußland. Ein Bekannter von mir, auch ein Kellner übrigens, ein lieber, geduldiger Mensch, ist aus seinem idyllischen Heimatort im Thüringer Wald nie herausgekommen und wurde daselbst am hellichten Tage von einem Berberlöwen gefressen, der aus einer wandernden Menagerie ausgebrochen war. Doch das ist eine andere Geschichte.«

Mein Erzähler schien von dem schauerlichen Ereignis ehrlich bewegt, obwohl er es doch eben erst erfunden hatte. Er spülte die traurige Erinnerung mit einem Schluck Wein hinunter. Ich meinesteils hatte ihn jedoch in hinreichendem Verdacht, daß er selber auch nicht viel weiter in der Welt herumgekommen war als sein beklagenswerter Freund, obwohl er es mich glauben machen wollte. Auch zeigte er eine unausstehliche Sucht, sein akademisches Wissen an den Mann zu bringen.

»Wo war ich bloß stehengeblieben«, fuhr er fort, nachdem er sich über die Augen gewischt, »Insel, Meer, Kellner Apollo, ganz recht! Wie kam ich dorthin? Ich bereiste damals als Berichterstatter der ›Frankfurter Zeitung‹ den Süden und hatte zufällig in der Bahn ein seltsames Gerücht gehört, eine unwahrscheinliche Geschichte, so unglaubwürdig, daß ich mir sofort sagte: da mußt du hin.

In der Bucht von Anthos, sagten meine Gewährsleute, wo die jungen Burschen der Insel zu baden pflegen, gibt es Delphine, die, wie Sie wissen werden, sehr kluge, gesellige, zärtlich verspielte Tiere sind. Einer von ihnen nun habe sich nach anfänglicher Scheu mit einem beherzten Jüngling namens Chorillo – der Name ist spanisch und bedeutet Wasserstrählchen – so befreundet, sei alsbald so zutraulich geworden, daß er den ungleichen Gespielen auf seinen Rücken reiten lasse und ihn durch die Brandung trage. Er komme auf Chorillos Ruf hurtig herbeigeschwommen. Denn: er ist neugierig wie ein Fisch, Faust Zwo. ›Simo, Simo‹, muß man rufen, darauf hören die Delphine, wenn man dem Plinius glauben darf, bei dem Sie einen ähnlichen Bericht nachlesen können.

Der Delphin, sagten die Leute in der Bahn, bringe seinen Freund sogar auf dem Wasserwege zu den Fischerdörfern ringsum, seinen Dienstgang abzukürzen; denn Chorillo ist der Postbote von Anthos.

Dies also hörte ich, aber ich glaubte natürlich kein Wort von der Geschichte, obwohl die Leute das anmutige Schauspiel mit eigenen Augen vom Dampfer aus gesehen haben wollten. Entweder, so sagte ich mir, hat ein Spaßvogel das Märchen des jüngeren Plinius aufgewärmt, was in den Hundstagen zuweilen vorkommt, wie die berühmte Seeschlange zeigt, oder Chorillo ritt auf einem Balken oder einem Gummidelphin, wie man sie überall in den Seebädern kaufen kann. Genug, ich beschloß, der Sache an Ort und Stelle nachzugehen. – Die Insel Anthos ist mit dem besagten Dampfer zu erreichen, der bei Bedarf einmal in der Woche vor der Bucht vor Anker geht. Natürlich hielt ich während der Fahrt fleißig Ausschau.«

›Nun‹, dachte ich bei mir, während der Erzähler sich neu einschenkte, ›nun wird gleich das Wort: Reling kommen‹, denn er erging sich in den ausgefahrenen Gleisen der Sprache. Wirklich es kam!

»Ich lehnte mich über die Reling. Die Delphine stimmten jedenfalls, die sich aus Meereswogen, so scheint es, in Tiere verwandelt haben. Sie begleiteten unser Schiff. Es war das übliche kurzweilige Bild, an dem man sich freilich nicht sattsehen kann. Aber der Delphin-Reiter war nicht dabei.

Ein Boot mit zwei großen Augen am Bug, wie man sie auf griechischen Augenschalen findet, brachte mich an Land zu dem einzigen Hotel am Platze, denn Hotel nennt sich im Süden jede elende Herberge. Allein das Hotelchen in Anthos (ich habe seinen Namen vergessen, und er tut auch nichts zur Sache) sah ganz vertrauenerweckend aus, hatte eine bezaubernde Lage und vom Fenster meines bescheidenen Zimmers, das mir der satyrgesichtige Kellner Apollo anwies, konnte ich die ganze Bucht überschauen, den orangefarbenen Strand mit den an Land gezogenen bunten Fischerbooten und die den Hafen umarmenden Höhen. Die Vorgebirge glichen den Häuptern gewaltiger Löwen, die sich zur Tränke lagern.«

Die poetische Gedankenverbindung gab meinem Gast willkommene Gelegenheit, selbst zu trinken, ehe er fortfuhr.

»Sie zweifelten vorhin an dem Namen Apollo. Ich hatte einmal einen schwarzen Diener, der sogar Jupiter hieß. Der Kellner Apollo begegnete mir anfangs mit unverhohlenem Mißtrauen, er war bildhäßlich von Angesicht, eine Herausforderung an alle Schönheit, ihr tragischer Kontrapunkt sozusagen. Man konnte erschrecken, panisch erschrecken, wenn er einen so ansah, mit seinen schrägstehenden, bernsteinfarbenen Ziegenaugen und der aufgeschnupften Nase. Denn auch sie schien einen anzustaunen aus runden Nüstern. Sein Mund, wenn man es als Mund bezeichnen darf, war groß und wulstig, gleichsam ein Urmund, groß seine Ohren, hinter deren einem der abgekaute Stummel eines Bleistiftes stak. Er hatte dazu eine zarte rosige Haut, die dem Gesicht etwas Nacktes, leicht Verwundbares gab, und das rötliche, dünne, feuchte Haar hing ihm schlaff in die kummervolle Stirn. Wehe diesem Armen, wenn er je Liebe empfand. Denn ihn zu lieben, wer hätte es vermocht? Seine Gestalt wirkte verwachsen, er hinkte ein wenig. Sie werden verstehen, daß er sofort meine Sammelleidenschaft erregte.

Ich setzte mich, vorsorglich mit Fernglas und Fotoapparat bewaffnet, auf die Terrasse vor das Hotel auf einen der üblichen weißen Metallstühle an einen runden Tisch mit der ebenfalls in den Cafés der ganzen Welt gebräuchlichen weißen Marmorplatte, bestellte mir Wein und genoß die Aussicht, das rot-weiße Sonnensegel über mir.

Apollo, die Serviette – seine Seele – unter die Achselhöhle geklemmt, brachte das Gewünschte. Seine Serviette hatte er immer bei sich. Über den Arm gelegt, über die Schulter geworfen, in die Tasche gesteckt, daraus ihre Zipfel hervorhingen, oder in den Schürzenlatz geschoben. Ich glaube, er hatte sie nachts unter dem Kopfkissen und schlief mit ihr. Er trug eine weiße Schürze und ein nachtfarbenes Lüsterjäckchen darüber.

Meine Anwesenheit schien ihn zu beunruhigen.

›Sie kommen wegen des Fisches, mein Herr‹, fragte er ganz nebenbei, während er auf meinen Wunsch aus der blauen Syphonflasche einen Strahl Sodawasser in meinen Wein zischen ließ.

›Ein Delphin ist kein Fisch‹, antwortete ich.

›Ganz recht. – Vom Festland?‹

›Ja. Man hat dort davon gehört.‹

Apollo machte eine bedauernde Handbewegung.

›Polizei?‹

›Nicht ganz. Zeitung.‹

›Oh‹, sagte Apollo abschätzig, ›Sie sind Journalist?‹

›Erschreckt Sie das?‹

›Offen gestanden, ja. Wenn es keine Journalisten gäbe, wäre weniger Unglück in der Welt.‹

›Sie verwechseln Ursache und Wirkung, mein Bester. Es ereignet sich etwas irgendwo, und wir schreiben darüber. Das ist alles.‹

Apollo bedachte sich einen Augenblick, indem er seine Serviette ansah, die in seinen Händen wirklich einem beseelten Wesen glich.

›Verzeihung‹, sagte er dann, ›aber haben Sie noch nicht bemerkt, daß, sobald irgendwo ein Journalist erscheint, ein Unglück passiert? Ich übertreibe.‹

›Sie überschätzen uns‹, warf ich ein, während ich ihn zum Sitzen einlud.

›Danke, mein Herr, ich sitze nie. Sie sind von Berufs wegen darauf erpicht, den Lesern Ihres Blattes etwas Interessantes berichten zu können. Sie rechnen mit der Eitelkeit des Unglücks. Sie kitzeln es. Es gefällt sich in seiner Rolle. Es will beachtet sein und liefert Ihnen bereitwillig Stoff.‹

Sein gescheites Gesicht nahm einen flehenden Ausdruck an. ›Lassen Sie uns doch hier in Frieden. Ich bitte Sie darum.‹

›Aber, lieber Freund, ich kann doch schließlich nichts dafür, wenn auf dieser schönen Insel, in dieser herrlichen

Bucht sich so erstaunliche Dinge begeben. Ich glaube nebenbei kein Wort davon, ehe ich es nicht mit meinen eigenen Augen gesehen habe.‹

›Das ist es ja‹, jammerte der Kellner. ›Würden Sie es einfach glauben, es hinnehmen, dann kämen Sie gar nicht auf den Gedanken, hierher zu kommen. Es geht Sie doch eigentlich gar nichts an.‹

›Aber, erlauben Sie‹, erwiderte ich und suchte mit meinem Fernglas die Bucht ab, ›es ist doch schließlich nichts Alltägliches, wenn man sich erzählt, daß ein Delphin – kein Fisch übrigens, ein Warmblütler, er bringt lebendige Junge zur Welt – ich meine, wenn ein Delphin innige Freundschaft mit einem jungen Manne schließt, auf seinen Ruf an den Strand geschwommen kommt, ganz zahm, gefügig wie ein Hund, und den Jüngling auf seinen Rücken nimmt, nur ihn, wie man behauptet.‹

›Nur ihn‹, sagte der Kellner und nickte.

Ich muß hier erwähnen, daß unser Gespräch nicht fortlaufend geführt wurde. Apollo hatte zu tun. Er bediente noch andere Gäste, Einheimische, die drinnen im kühlen Hause ihren schwarzen Wein tranken, nicht in der Sonne wie ich, der Fremdling. Aber er kam zwischendurch immer wieder zu mir. Ich ließ nicht locker.

›Eine reizende Erfindung ohne Zweifel, aber ich glaube es nicht.‹

›Sie scheinen wenig Phantasie zu haben‹, erwiderte Apollo, der es offenbar darauf anzulegen schien, mich zu kränken.

›Dachte ich's doch! Es ist also ein Märchen. Unser Delphin ist eine Ente. Bitte zahlen!‹

Apollo nahm überhaupt keine Notiz von meinem Wunsch. Wieder beschäftigte er sich angelegentlich mit seiner Serviette, die er krüppelte, an der er zupfte und ihr allerlei faltige Gestalten gab, daß sie wirklich einem lebenden Wesen glich, bald einer Möwe, bald einer Blume oder einem Engel oder einem Fisch. Was er dann sagte, war sehr merkwürdig. Es hatte eigentlich nichts mit dem Delphin zu tun, so dachte ich wenigstens.

›Die Wissenschaft behauptet‹, brachte er zögernd vor, ›sie hat es einwandfrei nachgewiesen, so widernünftig es auch erscheint, daß gewisse kleinste Körper die Eigenschaft besitzen, gleichzeitig an verschiedenen Orten im Raum zu sein.‹

›Ganz recht. Sie tun es eben‹, erwiderte ich.

›Ich glaube es nicht, ehe ich es nicht mit eigenen Augen gesehen habe. Sie, mein Herr, haben es gesehen?‹

›Nein. Natürlich nicht.‹

›Aber Sie glauben es?‹

›Natürlich ja.‹

›Natürlich!‹

Ich hatte keine Ahnung, wo er hinaus wollte. Zudem fesselte jetzt etwas anderes meine Aufmerksamkeit. Ein Mädchen hatte den Schauplatz betreten, eine Hirtin mit ihren Ziegen. Sie warf mir einen scheuen, feindseligen Blick zu und blickte sich suchend um. Dann setzte sie sich auf die Mauer gegen das Meer und wartete. Sie trug eine gelbe Bluse, sie hatte etwas von einer Zigarrenschachtelbilderschönheit.

›Chorillo ist nicht hier, Moira‹, bemerkte Apollo nebenhin.

Eros und der Delphin

›Nicht hier?‹ sagte Moira traurig.

›Du siehst es doch‹, antwortete Apollo gereizt. ›Vielleicht ist er im Wasser.‹

›Im Wasser?‹ Sie sprang erregt auf und stand nun auf der Mauer, mit der Hand die Augen beschattend, und schaute auf die Bucht. Zur gleichen Zeit vernahm ich einen klagenden Ruf nicht von Menschenmund, sondern von einem sehnsüchtigen Tier. Auch ich war aufgestanden.

›Hörst du es?‹ sagte Apollo, ›da ist er wieder.‹

›Der Fisch‹, flüsterte Moira schaudernd.

Also doch. Wahrhaftig, er war es. Ich konnte ihn mit bloßen Augen erkennen, auch das Wasserstrählchen über seiner Schnauze. Er schwamm ganz nahe am Strand auf und ab, unruhig schnaubend hin und her. Die Schwanzflosse tauchte auf für einen Augenblick wie die Mondsichel aus den schäumenden Wolken der Wogen.

›Nein, sehen Sie bloß einmal an‹, sagte ich voller Entzücken zu dem Mädchen.

›Ich will ihn gar nicht sehen‹, stieß sie giftig hervor. Sie zitterte am ganzen Leibe vor Zorn und Leidenschaft.

Der nasse Rücken des Delphins glänzte wie nachtblaue Seide, sein Bauch schimmerte silberweiß, wie die Samenscheide der Mondviole mit einem Hauch von Rosa. »Welch ein herrliches, welch ein klassisches Tier!« unterbrach sich mein Gast. »Eine echt griechische Erfindung möchte man sagen, aber es ist natürlich umgekehrt. Betrachten Sie diese Muschel. Es ist die gemeine Herzmuschel. Ich trage immer eine mit mir. Sie ist das Sinnbild des Meeres, die Quintessenz des Wellenschlages. Aus dieser

Form hat sich die griechische Kunst entwickelt. Griechenland! denkt man unwillkürlich, nicht wahr? Oder hier, der Delphin auf der Münze. Welch ein Geld! Welche Würde des Geldes – das Wort stammt nicht von mir –, welch ein Volk, das solche Münzen hatte! Sie trugen sie im Mund, wenn sie zum Markte gingen! Und wir? Doch ich schweife ab.

›Ist es derjenige welcher?‹ fragte ich den Kellner.

›Derjenige welcher‹, antwortete Apollo wie im Traume.

Er hatte die Serviette in den Brustlatz seiner weißen Schürze geschoben und stand, die Hände hinter seinem Lüsterjäckchen verschränkt, anscheinend ganz unbeteiligt in den Hoteleingang gelehnt.

Währenddem kam ein junger Bursche von höchstens siebzehn Jahren munter des Weges geschritten, nur in Hose und Hemd, die schwarze Ledertasche mit dem silbernen Posthörnlein, das einer Brezel glich, lässig umgehängt, die Amtsmütze flott ins wirre Haar gesetzt. Übers ganze Gesicht, ja mit dem ganzen Körper lachend, kam er dahergeschlendert, ab und zu in eine pralle, dunkle Traube beißend, daß ihm der Saft von den Lippen troff, Häute und Kerne über die Schulter spuckend.

Moira saß wieder auf der Mauer, zusammengekauert. Sie spielte, als beachte sie ihn nicht, mit ihrem offenen Haar und sah nach ihren Ziegen.

›Der tägliche Brief‹, sagte Chorillo, ›und immer die gleiche Schrift‹. Er befühlte ihn und hielt ihn gegen die Sonne.

›Und stets nur ein leerer Umschlag.‹

Er warf ihn dem Mädchen zu. Sie fing ihn auf und zerriß ihn, ohne ihn zu öffnen, in kleine Stücke.

Ich durchschaute den Vorgang. Ich kannte einmal in Prag ein Mädchen, das schrieb sich selber Briefe, schickte sich Blumen und Pralinen ins Haus, damit man denken sollte, sie hätte einen Freund. Und am Ende heiratete sie den Postboten.

So sehr ich es Moira nachfühlen konnte, daß sie in den Burschen vernarrt war, so wenig wollte es mir gefallen, daß er sie so unzart vor uns bloßstellte.

›Wie geht's, alte Fratze‹, wandte sich Chorillo nun an den Kellner, ›wie häßlich du doch bist, beinah zum Verlieben häßlich.‹

›Chorillo, horch‹, sagte Apollo, ohne seine Haltung zu verändern.

Wieder hörte ich den klagenden, sehnsüchtigen Ton vom Meere her. Der Delphin brauste noch immer den Strand entlang, wendete, sich überschlagend, daß man den weißen Bauch mit dem zart rosa Schimmer sah, und noch immer stieß er den Strahl zwischen den klugen Augen hervor. Chorillo lauschte und sah nach dem Meer wie verzaubert. Dann rief er durch die Muschel seiner Hände, langgezogen: ›Siiimo, Simo, ich komme.‹

›Geh nicht baden, Chorillo‹, bat Moira, ›heute nicht! Mir zuliebe!‹

›Laß ihn doch, schöne Hirtin‹, warf ich ein, ›schau, ich bin eigens von weither gekommen, um es zu sehen. Es wäre doch schade, wenn ich umsonst ...‹

›Da hörst du es‹, sagte Chorillo unwirsch, ›ich muß ja nun wohl. Ehrenhalber.‹

›Der Herr glaubt nur, was er sieht‹, murmelte anzüglich Apollo.

›Und ich sehe nur, was ich glaube‹, antwortete Chorillo wieder lachend, nahm seine Postmütze ab und setzte sie dem Kellner auf, der sehr lächerlich damit aussah, hängte ihm auch die Tasche mit dem Hörnlein um, als wäre er ein Kleiderständer. Apollo ließ sich's gleichmütig gefallen. Aber ehe Chorillo sich zum Gehen wandte, nahm der Kellner rasch die Siphonflasche vom Tisch und spritzte dem Burschen einen Strahl ins Gesicht. Der machte ihm eine lange Nase und lief hurtig zum Strand. Im Laufen schon begann er sich seiner Kleider zu entledigen.

›Chorillo‹, rief ihm das Mädchen drohend nach, ›du wirst dich noch erkälten, du wirst dir dabei noch den Tod holen, hörst du, den Tod! Ganz bestimmt!‹

Sie wünschte es so sehr nicht, daß es fast klang, als wünsche sie es ihm.

›Halt den Mund, du Hexe‹, herrschte Apollo sie an, schneeweiß im Gesicht, ›scher dich zum Teufel.‹

Er ging ins Haus, Chorillos Sachen zu verwahren. Der aber plätscherte gerade ins Wasser. Aufjauchzend warf er sich in die Brandung.

›Simo‹, rief er, ›komm, da bin ich, fang mich!‹

Der Fisch, will sagen der Delphin, rauschte heran. Ich nahm meine Kamera und rannte zur Bucht hinunter, wo inzwischen sich noch andere Burschen eingefunden hatten. Oh, es war wunderbar. Ich verknipste einen ganzen Film. Simo schlug vor Freuden förmlich Purzelbäume um Chorillo, er lockte ihn mit Äolsharfentönen, lustig quirlte das Strählchen vor seiner gewölbten Stirn. Dann tauchte er unter dem Jüngling weg und hob ihn empor. Nun ritt er durch die Wogen. Sie scherzten miteinander.

Ich sah mich nach Moira um. Sie saß mit angezogenen Knien, das Kinn auf die Fäuste gestützt, auf eine Strähne ihres Haares beißend und schaute nach ihrem braunen Geliebten, Unheil im Blick, totenblaß. Der Kellner Apollo stand hinter ihr, vorgeneigt, seine Serviette wringend.

Nun zischte der Delphin seinem Reiter einen Strahl mitten ins Gesicht. Der Fisch lachte. Ich lüge nicht. Es sah wirklich so aus. Er lachte übermütig wie ein Mensch.

Auch der Kellner lachte von Herzen. Er bog sich vor Vergnügen und drückte die Serviette vor den Mund. Sein runder Rücken schütterte. Dann schob er das Tuch in den Schürzenbund, machte ein paar Schritte vorwärts, ein paar Schritte zurück, die Arme gekrümmt mit gehobenen Ellenbogen, er tanzte, ein grotesker Anblick fürwahr, täppisch, serviettengeschwänzt, satyrhaft.

Moira war wütend. Sie stand nun wieder und stampfte heftig mit dem Fuß auf. Sie drohte mit geballter Faust nach dem Meere.

Wenn ich eben sagte, der Delphin lachte wie ein Mensch, so blieb er doch in allem ein Tier. Doch sagt man, daß ja auch die Menschen von Fischen abstammen. Beim Embryo sind die Kiemenspalten noch nachweisbar.

Chorillo und der Delphin waren inzwischen hinter der Düne verschwunden, die der Bucht vorgelagert ist. Ich trat zu Apollo, der wieder zur Terrasse zurückgekehrt war, der Gäste im Hause wegen. Er sagte bitter: ›Sie werden nun darüber in Ihrer Zeitung schreiben, und alle Menschen werden es lesen und werden es nicht glauben, ehe sie es mit eigenen Augen gesehen haben. Sie werden in Scharen auf die Insel kommen.‹

›Ich bringe ja die Bilder.‹

›Ach, es gibt ja bekanntlich Gummitiere zum Aufblasen. Sehr naturgetreu, mit schwarzem Rücken und weißem Bauch.‹ Er berührte obenhin Röckchen und Schürze.

Ich war noch ganz aufgeregt von dem anmutigen Schauspiel in der Bucht und sagte es laut.

›Ich bitte Sie, lieber Herr‹, meinte Apollo finster, ›schreiben Sie nichts davon in der Zeitung. Wenn es nicht wahr gewesen wäre, hätten Sie doch auch nichts berichten können, ich bitte Sie!‹

Er hob die Hände mit der Serviette zu einer rührenden Gebärde. Er hatte Tränen in den Augen.

Man könnte doch, versetzte ich, gerade aus einer Nichtwahrheit eine sehr hübsche Glosse machen.

Nun kam der Delphin mit Chorillo an Bord wieder hinter der Insel hervor, die sie unseren Blicken für eine Weile entzogen hatte. Sie waren sichtlich des Spieles müde geworden und sahen abgekämpft aus. Ganz langsam schwamm der Delphin. Chorillo vornübergesunken umschlief ihn. Der Fisch trug ihn behutsam an Land. Chorillo stieg ab. Er streichelte die Flanken des Tieres wie ein Reiter sein Pferd. Auf dem Wege zu uns durch die Brandung plätschernd, wandte er sich noch oft nach dem Freunde um und winkte ihm zum Abschied. Simo, das Wasser mit der mondförmigen Schwanzflosse peitschend, entfernte sich in großen Schleifen dem offenen Meere zu.

Es war vorüber, so bildete ich mir wenigstens ein.

Froh gelaunt und unbefangen, wenn auch etwas weniger lebhaft als vorher und leicht fröstelnd von dem langen Bad, trat der Postjunge von Anthos zu uns auf die Terrasse des Hotels, um Mütze und Tasche zu holen. Apollo, die Serviette im Brustlatz, humpelte diensteifrig mit den Sachen herbei, aber es ritt ihn der Teufel, denn er begann nun den Burschen zu narren, er hielt ihm freundlich die Mütze hin, zog sie aber, als der arglos danach griff, zurück und lief damit um den Tisch herum davon, unbeholfen wie er war. Chorillo tat mit. Er wußte, wie er den Kellner am besten ärgern konnte. Er entriß ihm mit raschem Griff das Tuch, die Seele riß er ihm gleichsam aus dem Herzen, ließ es vor Apollos Nase flattern, der aufgeschnupften, und trotzte seinerseits dem alten Kindskopf.

Mit verzerrtem Gesicht schaute Moira zu. Ich hatte Apollo nicht soviel Behendigkeit zugetraut. Er erhaschte Chorillo, dem es gerade noch gelang, die Serviette zwischen die lachenden Zähne zu nehmen. Apollo aber war nun am Ende seiner Kraft, er mußte arg schnaufen. Er mußte sich setzen. Er legte die Hand auf sein Herz.

›Aetsch‹, machte Chorillo und warf ihm die Serviette zu, während er ihm die Zunge herausstreckte.

In diesem Augenblick sprang Moira dazwischen, fing das Tuch aus der Luft und riß es, wie ein Blitz die Wolke, mitten entzwei.

›Seid verflucht‹, schrie sie, die Hände krallend, als wollte sie ihnen die Augen auskratzen, ›seid verflucht, dreimal verflucht!‹ Dabei warf sie jedbeiden einen Fetzen vor die Füße.

Jetzt war es Zeit, daß ich mich ins Mittel legte.

›Aber, aber‹, sagte ich begütigend, ›wer wird denn gleich so eifersüchtig sein.‹

Auch Chorillo trat gutherzig auf sie zu, um ihr schön zu tun. Sie stieß ihn zurück.

›Geh weg, du riechst nach Fisch‹, rief sie nun völlig außer sich, ›seid verflucht!‹

Da wurde es dem Apollo zu dumm. Mit einem Glas Wein in der Hand ging er langsam auf Moira zu. Dann sagte er bedrohlich leise: ›Nimm es zurück, Moira, nimm den Fluch zurück, sofort, hörst du!‹

Sie verachtete ihn. ›Nie!‹ rief sie, ›du Schweinsfisch, du Plattnase. Nie! Nie! Nie!‹ Da schwappte ihr Apollo den Wein ins Gesicht. Ohne ihn abzuwischen, flüsterte sie: ›und du mit.‹ Dann ging sie, ohne sich umzusehen, zwischen ihren Ziegen davon.

Apollo blickte mich vorwurfsvoll an, als wollte er sagen, sehen Sie, nun ist es passiert. Habe ich es nicht gleich gesagt! Er war völlig erschöpft. Er sah zum Sterben müde und alt aus, während er den einen Fetzen der Serviette auf dem Knie glatt strich. Er tat mir in der Seele leid. Aber plötzlich nahm er sich zusammen. ›Chorillo‹, stieß er hervor, mit einem Klagelaut nicht von Menschenmund, ›Chorillo, was ist dir?‹

Chorillo hustete. Sein Gesicht und seine Hände waren mondenbleich.

›Ich weiß nicht‹, sagte er, mühsam atmend, mit einem Versuch zu lächeln, ›mir wird so komisch auf einmal.‹ Er hüstelte wieder und führte den anderen Fetzen der Serviette zum Munde. ›Ich habe mich wohl etwas überanstrengt. Es ist Blut, fürchte ich.‹ Er betrachtete verwundert das Tuch. Das Fieber schüttelte ihn.

Ich lief ins Haus, meinen Mantel zu holen. ›Er muß sofort ins Bett‹, rief ich, als ich wiederkam. ›Er braucht einen Arzt.‹

›Auf Anthos gibt es keinen Arzt‹, sagte Apollo und nahm Chorillo ohne weiteres auf den Rücken. Der Kranke ließ sich's willig gefallen. Ich konnte und wollte es nicht hindern. Auf dem Rücken trug ihn Apollo ins Haus.«

Der Erzähler machte eine nachdenkliche Pause, nicht allein um zu trinken, denn das tat er auch, wenn nicht gerade vom Wein die Rede war, aber dann immer, sondern wohl um seinen Zuhörer in Spannung zu halten, wie die Geschichte enden würde. Während er sprach, nahm er unbewußt das Aussehen seiner Gestalten an, ähnelte dem Kellner Apollo, ja sogar dem Delphin, sah bald alt, bald jung, bald gut oder böse aus, darin dem Proteus verwandt, dem sterblich geborenen Seegreis des griechischen Mythos, dem Zauberer, Wahrsager und Tausendkünstler, der sich in allerlei Gestalten, in Tiere, Bäume, ja selbst in Feuer und Wasser zu verwandeln wußte. Der Sage nach soll er seinen Söhnen Tmolos und Telogenes, zweien Riesen von unerhörter Grausamkeit, im Spiegel erschienen sein und sie so in Erstaunen gesetzt haben, daß sie künftig von ihrer Barbarei geheilt waren, der Sage nach. In Erstaunen setzen, ist das nicht die Natur des Poeten und also auch des sonderbaren Fremden Auftrag?

»Ich pflege«, fuhr dieser nach einer Weile mit schwerer Zunge fort, »auf meinen Reisen eine wohlaussortierte Taschenapotheke mit mir zu führen und verstehe mich ein wenig darauf, sie mit Erfolg anzuwenden. Schlaf, Ruhe schienen mir in Chorillos Fall zunächst die besten Heilmittel, und auch Apollo brauchte etwas für sein krankes Herz. Zu Bett gebracht, erholte sich unser junger Patient sichtlich und schlief bald ein. –

Da es Abend geworden war, gelüstete es mich, noch etwas ans Meer zu gehen. Ich fand es aufgeregter als am Tage, unheimlich schwarz auf einmal und immer wieder vergeblich bemüht, aufs Land zu kommen. Wo mochte der Delphin sein? Ich hörte ihn. Bald nah, bald fern vernahm ich seinen klagenden Ruf, aber ich konnte ihn nicht sehen. Also kehrte ich um und schlenderte durch die kleine Stadt, mich ein bißchen umzuhören. Ich erfuhr, daß nach anfänglichem Entzücken der Bevölkerung über das Wunder von der Freundschaft des Delphins mit dem Jünglingsknaben – diesen Ausdruck gebraucht Goethe irgendwo, der ja auch einmal von diesem gesegneten Alter sagt: sie duften Jugend! – die Stimmung allmählich umgeschlagen war. Man nahm Ärgernis. Ich begegnete dem Priester des Ortes, der sich bemüßigt fühlte, mit Rauchfäßchen und Weihwasserwedel eine kleine Prozession zum Strand zu veranstalten, um das Meerungeheuer, so nannte er den unschuldigen Fisch, zu beschwören und dem heidnischen Treiben in der Bucht ein frommes Ende zu machen. Das mußte ich sehen. Ich schloß mich dem Zuge an. Aber wir kamen zu spät. Das Unheil war bereits geschehen. Der Delphin mußte, ich kann mir's nicht anders denken, gespürt haben, daß sein Spielgefährte krank sei. Er wollte zu ihm und war auf Strand gelaufen. Wir hörten ihn stöhnen und fanden ihn hilflos im noch heißen Sande liegen, ein Messer in seinem Herzen, sich verblutend, sterbend fanden wir ihn, nicht anders als ein Mensch stirbt. Und ich sah etwas, in jener Nacht, was ich meincr Lebtage nie vergessen werde, ich sah den Fisch unter Schluchzen reichlich Tränen vergießen, ehe er mit einem Seufzer verschied. Unsere Tränen, mein Herr, sind eine Erinnerung an das Meer, aus dem auch wir stammen.

Als der Fisch tot war, machten sich sofort Leute aus Anthos daran, ihn auszuschlachten. Die Leber des Delphins gilt dort zu Lande als Heilmittel gegen die Schwindsucht. Angewidert verließ ich den Strand. Was würde geschehen, wenn Chorillo den Tod des Gespielen erfuhr, und der Kellner Apollo? Es war nicht auszudenken.

Da ich im Hause alles still fand, begab ich mich auf mein Zimmer. Was hatte sich in diesen wenigen Stunden meines Aufenthaltes auf der Insel ereignet! Ich machte mir ernstliche Gedanken, ob nicht am Ende doch meine sträfliche Neugier sollte schuld gewesen sein, das Unheil heraufzubeschwören. Ich konnte keine Ruhe finden.

Inzwischen war der Mond heraufgekommen. Ich sah aus dem Fenster über den nun wieder menschenleeren Strand zum Meer, das mir ärmer geworden schien ohne den Fisch mit seiner sonderlichen Liebe zu einem Menschen, und der dafür gestorben war.

Vielleicht war ich doch ein wenig eingenickt, gleichviel, ich hörte plötzlich Stimmen, Chorillos Stimme meinte ich zu vernehmen und die des Kellners Apollo, wenn mich nicht die Sinne täuschten.

›Du bist noch gar nicht braun‹, hörte ich den Jüngling sagen, ›du warst wohl noch nicht viel in der Sonne?‹

›O doch‹, antwortete er freundlich, ›ziemlich viel. Wollen wir nicht baden gehen?‹

›Jetzt, mitten in der Nacht?‹ fragte Chorillo mit einem Schauder.

›Bei Mondenschein ist es am schönsten‹, entgegnete der andere.

Ich beugte mich aus dem Fenster. Ich gewahrte Chorillo in Begleitung eines fremden Mannes. Sie waren beide nackt. Chorillo braun, der andere weiß, leuchtend wie Marmor und herrlich wie ein Gott.

›Wie heißt du‹, fragte der Postbote zutraulich.

›Delphinios heiße ich‹, antwortete der Fremde.

Sie schritten selbfreund dem Meere zu. « – – –

»Dies also«, schloß mein trunkener Gast, »dies wäre meine Geschichte von Chorillo und dem Fisch. Ich schenke sie Ihnen, wie gesagt«, lallte er. Dann sank sein weinschweres Haupt ihm auf den Arm, wobei er die Hand öffnete zu einer Schale, wie Bettler tun, wenn sie um eine milde Gabe bitten. Er lebte ja schließlich von seinen Geschichten.

Anyte

Auf einen toten Delphin

Nie mehr werd' ich mich tummeln im schiffebefahrenen Meere
Und aus der Tiefe im Sprung werfen mich hoch in die Luft,
Nie mehr zu Seiten des Schiffs, das mit schönen Rudern versehen,
Sprühn einen Wasserstrahl, froh meines Ebenbilds.
Nein, mich schleuderte hin auf das Festland die purpurne Woge,
Und so liege ich hier an dem felsigen Strand.

Alfred Andersch

Aus Rauch und Delphinen

in winterspelt
im tagebuchherbst
mitten im
krieg
schürte auf dem hang gegenüber
der mann das kartoffelfeuer

das verbrannte kraut zog als rauch um ihn
als wolke um ihn der klein und schwarz
mit einem stecken im feuer stocherte

würde er hinter den schwaden verschwinden

er trat immer wieder hervor

die delphine werden vom phosphoreszieren
der heckwelle angelockt
sagte der matrose auf der »samuel moody«
während der überfahrt
von boston nach le havre
in einer novembernacht
als der krieg vorbei war

die delphine spielten
mit den atlantischen tränen
silberner hoffnungskehricht

auf dem deck
des unruhigen wanderns
vom bug zum stern
und wohin

Guillaume Apollinaire
Der Delphin

Delphine, ihr spielt auf dem Meer.
Doch die Flut kommt stets bitter daher.
Floh die Freude nicht manchmal: ein Trug?
Das Leben ist grausam genug.

Christine Busta
Unter den Nesseln

Für Franz Peter Känsel

Es sprengte die zarte, wunderbare
Wurzel der Nessel den lastenden Stein.
Durchs brennende Dickicht verschütteter Jahre
dringen wir in die Grabkammer ein.

Heimgang ins fremdgewordene Innen.
Unsere Sohlen rührt kultischer Staub:
war es ein Dornkranz, kindliches Linnen
oder des Ölzweigs zerbröckeltes Laub?

An den langverfinsterten Wänden
tasten wir blind nach Zeichen hin
und erkennen mit scheuen Händen
wieder die Lampe und den Delphin.

Peter Huchel

Delphine

Meerwarts spähend
bei weißer Sonne
ich seh sie springen
aus der salzigen
Schwere des Wassers –
Delphine,

meine heimlichen Brüder,
tragen die Botschaft
nach Byzanz.

Es knistert die Luft,
als flöge feuriges Stroh
durch Tamariskenbüsche.

Hier will ich bleiben
und zählen am Hang,
wolfgraue Schlucht,
die schmalen hohen
Steine,
schartig vom Grillengewetz,
die Steine der Toten,
von Mittagshimmeln geschwärzt.

Jannis Ritsos

Stürme

Jetzt sind die Stürme da. Die Bäume raufen sich
die Haare. Die ganze Gegend heult.
Es heulen die alten Gerbereien, die eingestürzte
Weinkellerei,
die verlassenen Tabakschuppen. Das Meer, zerzaust,
schreit »Haltet ihn«, »Haltet ihn«. Ein Treuebruch?
Eine Mordtat? Es gibt keinen Zeugen.
Auch die Delphine, die spottlustigen, sind vernünftig
geworden. Die hohe Marmortafel
mitten auf dem Platz ist ganz naß von dem Seegang;
Wasser rinnt von den eingemeißelten Namen toter
Helden.
Ach, das unbändige Vergessen. Große Schiffe
fahren ein in die Häuser der Fischer. Die alte Frau
ging eben daran, die Hose des Käptn's zu flicken. Die
Garnrolle
ist unters Bett gerollt. An welcher Stelle soll sie sich jetzt
bücken? Laß es, mein je.
Was noch zuerst flicken? Die Welt hat so viele Löcher
bekommen.

Fischer

Sarah Kirsch

Geh unter schöne Sonne

Geh unter schöne Sonne, stirb
Weniger kunstvoll, Haus zerfall
Zögert nicht: mein grauer Delphin
Ist hin zu anderer Küste geschwommen

Gestern noch
Blies er Meer vor sich her, schwamm
Voller Kunst, peitschte das Wasser
Nun bleibt er fort, heißt es, unsere Küste
Salzverkrustet und leer
Verlor ihren Delphin. Niemand
Weiß da einen Ausweg

Nachwort

> Delphin: Laß dich's nicht wundern, Poseidon, wenn wir Menschen Gutes tun, da wir selbst aus Menschen Fische geworden sind.
>
> (Lukian)

»Meerwärts spähend/bei weißer Sonne/ich seh sie springen/aus der salzigen/Schwere des Wassers – /Delphine« – schon seit dem Altertum üben die freundlichen, scheinbar ewig lächelnden und verspielten Tiere eine besondere Faszination auf den Menschen aus; ihnen wird sogar eine Art Seelenverwandtschaft mit dem Menschen angedichtet: »meine heimlichen Brüder«, nennt sie Peter Huchel im oben zitierten Gedicht »Delphine«.

Zahlreiche Mythen und Legenden aus den unterschiedlichsten Kulturen ranken sich um den Delphin. Nicht nur im Mittelmeerraum, bei den Griechen und Römern, wurde er verehrt, sondern auch in Asien, bei nordamerikanischen Indianerstämmen, am Amazonas oder in Australien, bei sogenannten primitiven Völkern ebenso wie in hochzivilisierten Kulturen. Und keinem anderen Lebewesen werden so viele positiven Eigenschaften zugeschrieben wie ihm: Er gilt als Freund des Menschen, symbolisiert Kraft, Lebensfreude, Kreativität und soziales Verhalten.

Woher rührt der Mythos Delphin? Erklärt sich die besondere Beziehung zwischen Mensch und Delphin nur mit der außergewöhnlichen Intelligenz und dem besonderen Wahrnehmungs- (oder gar Einfühlungs-)vermögen, welche dem Delphin zugeschrieben werden? Können Menschen mit Delphinen kommunizieren?

In der Antike wurde der Delphin als Sinnbild des Lebens und als »König des Wassers« verehrt. Er galt als Glückssymbol: Von einem Delphin zu träumen verhieß Gutes. Auch glaubte man – so ist bei Oppian nachzulesen –, Delphine seien »Meeresmenschen«, Menschen, die von Dionysos verwandelt ins Meer hinabstiegen.

Als Begleiter der Götter waren die Delphine heilig und geschützt, das Töten eines Tieres war ein Verbrechen, gleichbedeutend mit Mord.

Delphine galten als die Boten Poseidons. Ein Delphin soll es gewesen sein, der im Auftrag Poseidons um die schöne Amphitrite geworben und sie ihm mit einer List als Gattin gewonnen hat. Der Sage nach verwandelte Poseidon den Delphin daraufhin in ein Sternbild, welches noch heute am nördlichen Firmament leuchtet.

Apollon, der große griechische Gott, Sohn des Zeus und Bruder der Artemis, trug den Beinamen Delphinios. Von ihm wird berichtet, daß er Delphyne, das Delphin-Ungeheuer, besiegt hat. An der Stelle des Kampfes errichtete er sein Heiligtum: Delphi. Und in Gestalt eines Delphins brachte er ein Schiff mit kretischen Kaufleuten in seine Gewalt und führte es nach Delphi, wo er die Männer als seine Priester verdingte.

Auch viele andere Götter waren eng mit den Meerestieren verbunden, wie beispielsweise Aphrodite, die Schaumgeborene, die von einem Delphin nach Zypern gebracht wurde.

Sowohl die Griechen wie die Römern sahen in Delphinen die Überbringer der Seelen ins Totenreich.

Der Delphin als Lebensretter: In allen Kulturen erscheinen die Delphine als Retter von Schiffbrüchigen und Ertrinkenden. Eines der ersten Zeugnisse findet sich bei Herodot: Der Sänger Arion, der auf der Flucht vor räuberischen Seeleuten über Bord seines Schiffes gegangen ist, wird von einem Delphin an Land gebracht. Dieses Motiv des auf dem Delphin reitenden Sängers ist bis in die Gegenwart eines der am häufigsten verwendeten und findet sich in zahlreichen Varianten in Kunst und Literatur.

Tatsächlich gibt es unzählige Berichte, denen zufolge Delphine Taucher und Schiffbrüchige vor dem sicheren Tode gerettet haben. Häufig wird auch von Delphinen berichtet, die Schiffe sicher in die Häfen gelotst haben (– ganz nach dem Vorbild Apollons). Ein berühmtes Beispiel aus dem 20. Jahrhundert ist Pelorus Jack, ein Delphin, der bis 1914 über dreißig Jahre lang Schiffe vom Peloruskanal südlich von Neuseeland durch den engen Marlborough-Sund geleitet hat.

Die Popularität des Delphins hält ungebrochen bis in die Gegenwart an. Mitte der sechziger Jahre eroberte der Delphin Flipper als Filmstar die Herzen, nicht nur der Kinder; 1996 kehrte er in einem Remake in die Kinos zurück.

Und heute lehrt in ganzheitlich orientierten Seminaren das Vorbild der Delphine, mit sich selbst und mit seiner Umwelt in Einklang und Harmonie zu leben.

Ende der siebziger Jahre begründete u. a. der amerikanische Psychologe und Verhaltensforscher David Nathanson die sogenannte Delphin-Therapie. Es wurden seitdem große Erfolge in der Behandlung von geistig und körperlich behinderten Kindern erzielt, die unter Autismus, Down Syndrom oder spastischen Lähmungen litten. Auch bei Erwachsenen mit Krebserkrankungen, chronischen Schmerzen oder schweren Depressionen wird Delphin-Therapie eingesetzt. Haben Delphine aufgrund des Ultraschalls ein besonderes Gespür für Kranke und Schwache? Verfügen sie über telepathische Fähigkeiten? Oder sind die Erfolge schlicht auf die Kombination aus Wasser und südlichem Klima zurückzuführen – wie Kritiker der Delphin-Therapie immer wieder behaupten?

Das Kommunikationssystem der Delphine ist ein zentraler Punkt der Forschung: Gibt es wirklich eine wie immer geartete Möglichkeit der Verständigung zwischen Mensch und Delphin?

Plinius zufolge ist die Stimme eines Delphins der eines Menschen ähnlich und klingt wie ein Seufzen oder Wimmern; Aristoteles behauptet, die Stimme eines Delphins klinge an der Luft wie die Stimme eines Menschen, er könne Vokale und Vokalkombinationen aussprechen, nur mit den Konsonanten hapere es. Und in Nordaustralien leben die sogenannten Delphin-Menschen, ein Stamm von Ureinwohnern, der angeblich seit Jahrtausenden in Sprachkontakt mit den Delphinen vor der Küste lebt. Die Medizinmänner verständigen sich mit den Delphinen über Pfeiftöne und behaupten, daß sie von Seele zu Seele mit den Tieren sprechen.

Eine besondere Zweckgemeinschaft zwischen Mensch und Delphin wird ebenfalls seit der Antike dokumentiert:

Noch heute »arbeiten« u.a. im Süden Brasiliens Fischer und Delphine zusammen. Die Delphine treiben die Fische Richtung Ufer, wo die Fischer ihre Netze auswerfen – ein für beide Seiten perfektes Abkommen.

Neueste Forschungen berichten allerdings auch von der dunklen Seite der Delphine und daß Delphine keineswegs diese selbstlosen und außergewöhnlich klugen Wesen seien, wie wir gerne glauben. Dennoch hält sich die Vorstellung vom friedlichen und menschenfreundlichen Tier. Und auch wenn uns vieles noch rätselhaft erscheint, der Mythos Delphin wird nicht sterben.

Bildnachweise

Umschlag: Foto: Mauritius

S. 4: Fresko der Delphine aus dem Palast von Knossos, um 1600 v. Chr. (Museum Heraklion)

S. 28: Fresko Thera, Santorin, Ausschnitt. Minoisch, 13. Jahrhundert v. Chr. (Foto: AKG Berlin, Erich Lessing)

S. 42: Raffael, Triumph der Galathea, 1512. Fresko, Rom, Villa Farnesina (Foto: AKG Berlin)

S. 54: Dionysos auf einem Segelboot. Schale von Exercias, 540-530 v. Chr.

S. 71: Mosaik aus dem Haus der Delphine, Delos.

S. 94, 106: Foto: Mauritius

S. 122: Eros und der Delphin. Marmor. Sammlung Farnese, Neapel

S. 134: Silbermünze, ca. 510 v. Chr.

S. 140: Fischer. Grabfresko, Tarquinia, ca. 530-520 v.Chr.

Aelian · 2./3. Jh. n. Chr.
Über die Natur der Tiere, S. 39
Aus: Aelian, Perizoon idiotetes. Zitiert nach: Heatchote Williams, Kontinent der Wale. © Copyright 1988 für die deutsche Übersetzung by www.Zweitausendeins.de.

Äsop · 6. Jh. v. Chr.
Der Affe und der Delphin, S. 38
Aus: Samuel Richardson, Äsopische Fabeln mit moralischen Lehren und Betrachtungen. Aus dem Englischen übertragen und mit einer Vorrede von Gotthold Ephraim Lessing. Henssel Verlag, Berlin.

Alfred Andersch · geboren 1914 in München, gestorben 1980 bei Locarno
Aus Rauch und Delphinen, S. 135
Aus: Alfred Andersch, empört euch der himmel ist blau. Gedichte und Nachdichtungen 1946-1977. Copyright © 1977 Diogenes Verlag AG Zürich.

Anyte · lebte in Tegea um 300 v. Chr.
Auf einen toten Delphin, S. 135
Aus: Irdene Schale. Frauenlyrik seit der Antike. Übersetzt von Emil Staiger. Verlag Lambert Schneider, Heidelberg, o. J.

Guillaume Apollinaire · geboren 1880 in Rom, gestorben 1918 in Paris
Der Delphin, S. 137
Aus: Guillaume Apollinaire, Bestiarium oder Das Gefolge des Orpheus. Ins Deutsche übertragen von Karl Krolow. Suhrkamp Verlag Frankfurt am Main 1978.

H. C. Artmann · geboren 1921 in Wien, gestorben 2000 in Wien

fragmente von delphinen, S. 44

Aus: H. C. Artmann, Das poetische Werk. Band 1: Frühe Gedichte. Unter Mitwirkung des Autors herausgegeben von Klaus Reichert. Rainer/Renner, Berlin–München–Salzburg 1993. © Verlag Klaus G. Renner, Porto/Castiglione del Lago/ Italien, früher München.

Marie-Catherine d'Aulnoy · geboren 1650 in Barneville, gestorben 1705 in Paris

Der Delphin, S. 56

Aus: Marie-Catherine d'Aulnoy, Der Orangenbaum und die Biene. Märchen. Deutsch von Friedrich Justin Bertuch. Rütten & Loening, Berlin 1984.

Terry Bisson · geboren 1942 in Owensboro, Kentucky

Die Botschaft, S. 95

Aus: Terry Bisson, Die Bären entdecken das Feuer. Erzählungen. Aus dem Englischen von Michael Windgassen. Copyright © der deutschen Ausgabe by Wilhelm Heyne Verlag GmbH & Co. KG, München 1998.

Tom Breitenfeldt · geboren 1958 in Flensburg

Der kleine König der klugen Tiere, S. 46

Erstabdruck: Frankfurter Rundschau, 11. 11. 2000. © Tom Breitenfeldt, Oldenburg. Abdruck mit freundlicher Genehmigung des Autors.

Christine Busta · geboren 1915 in Wien, gestorben 1987 in Wien

Unter den Nesseln, S. 137

Aus: Christine Busta, Lampe und Delphin. © Otto Müller Verlag, Salzburg, 4. Auflage 1955.

Hilde Domin
geboren 1912 in Köln
Bitte an einen Delphin, S. 109
Aus: Hilde Domin, Gesammelte Gedichte. © S. Fischer Verlag GmbH, Frankfurt am Main 1987.

Odysseas Elytis · geboren 1911 in Heraklion/Kreta, gestorben 1996 in Athen
Das Delphinenmädchen, S. 43
Aus: Odysseas Elytis, Lieder der Liebe. Neugriechisch und deutsch. Übertragen von Hans Eideneier. Mit acht Collagen des Autors. © Suhrkamp Verlag Frankfurt am Main 1981.

Robert Gernhardt · geboren 1937 in Reval/Estland
Delphine hab ich nie besungen, S. 11
Originalbeitrag. © Robert Gernhardt. Abdruck mit freundlicher Genehmigung des Autors.

Witold Gombrowicz · geboren 1904 in Maloszyci/Polen, gestorben 1969 in Vence
Aus: Die Begebenheiten auf der Brigg Banbury, S. 50
In: Witold Gombrowicz, Gesammelte Werke, Band: 9: Bacacay. Erzählungen. Aus dem Polnischen von Walter Tiel und Olaf Kühl. Herausgegeben von Rolf Fieguth und Fritz Arnold. © 1984 Carl Hanser Verlag, München – Wien.

Günter Grass · geboren 1927 in Danzig
Der Delphin, S. 107
Aus: Günter Grass, Werkausgabe. Band 1: Gedichte und Kurzprosa. © Steidl Verlag, Göttingen 1997.

Wilhelm Hauff · geboren 1802 in Stuttgart, gestorben 1827 in Stuttgart

Aus: Saids Schicksale, S. 20

In: Wilhelm Hauff, Märchen. Herausgegeben von Bernhard Zeller. Insel Verlag Frankfurt am Main 1976.

Herodot · geboren um 484 v. Chr., gestorben um 425 v. Chr.

Arion und der Delphin, S. 18

Aus: Das Geschichtswerk von Herodotos von Halikarnassos. Übertragen von Theodor Braun. © Insel-Verlag Leipzig 1927.

Peter Huchel · geboren 1903 in Berlin-Lichterfelde, gestorben 1981 in Stauffen/Breisgau

Delphine, S. 138

Aus: Gezählte Tage. In: Peter Huchel, Gesammelte Werke. Band 1: Gedichte. © Suhrkamp Verlag Frankfurt am Main 1984.

Friedrich Georg Jünger · geboren 1898 in Hannover, gestorben 1977 in Überlingen/Bodensee

Die Delphine, S. 48

Aus: Friedrich Georg Jünger, Gedichte. © 1949 Vittorio Klostermann, Frankfurt am Main.

Sarah Kirsch · geboren 1935 in Limlingerode am Harz

Geh unter schöne Sonne, S. 140

Aus: Sarah Kirsch, Werke in fünf Bänden. Band 1: Gedichte. © 1999 Deutsche Verlags-Anstalt GmbH, Stuttgart.

Konrad von Megenberg · geboren 1309 in Schwabach, gestorben 1374 in Regensburg

Von dem Delphin, S. 16
Aus: Konrad von Megenberg, Das Buch der Natur. Ins Neuhochdeutsche übertragen und eingeleitet von Gerhard E. Sollbach. © Insel Verlag Frankfurt am Main 1990.

James Krüss · geboren 1926 auf Helgoland, gestorben 1997 auf Gran Canaria
Als ein Delphin war ich verspielt und klug, S. 52
Aus: James Krüss, James's Tierleben. Der KinderBuchVerlag GmbH, Berlin 1998. Abdruck mit freundlicher Genehmigung.

D.H. Lawrence · geboren 1885 in Estwood, gestorben 1930 in Vence
Sie sagen, das Meer sei ohne Liebe, S. 110
Aus: D.H. Lawrence, Der Atem des Lebens. Späte und letzte Gedichte. Übersetzt von Ernst Schönwiese. Für die deutsche Übersetzung: © 1981 by Limes Verlag in der F.A. Herbig Verlagsbuchhandlung GmbH, München.

Robert Lowell · geboren 1917 in Boston, gestorben 1977 in New York
Delphin, S. 108
Aus: Robert Lowell, Gedichte. Englisch und deutsch. Auswahl, Übertragung und Nachwort von Manfred Pfister. © by Robert Lowell. Klett-Cotta, Stuttgart 1982.

Lukian · geboren um 120 in Samosata am Euphrat, gestorben nach 180
Meergöttergespräche, S. 55
Aus: Lukian, Sämtliche Werke. Übersetzt von Christoph Martin Wieland. Band 2. Propyläen-Verlag, München 1922.

Ernst Penzoldt · geboren 1892 in Erlangen, gestorben 1955 in München

Der Delphin, S. 111

Aus: Ernst Penzoldt, Gesammelte Schriften in sieben Bänden. Herausgegeben von Ulla Penzoldt und Volker Michels. Band 5: Die Erzählungen. © Suhrkamp Verlag Frankfurt am Main 1992.

Gottlieb Konrad Pfeffel · geboren 1736 in Colmar, gestorben 1809 in Colmar

Der Fischer und der Delphin, S. 24

Aus: Gottlieb Konrad Pfeffel, Poetische Versuche. 10 Bände, 1802-1809.

Plinius der Ältere · geboren 23 in Comum (Como), gestorben 79 beim Ausbruch des Vesuvs

Der Delphin, S. 49

Aus: Plinius d. Ä., Naturalis historiae libri XXXVII. Herausgegeben von L. Jan und K. Mayhoff. Leipzig 1892-1909.

Rainer Maria Rilke · geboren 1875 in Prag, gestorben 1926 in Val Mont bei Montreux

Delphine, S. 53

Aus: Rainer Maria Rilke, Die Gedichte in einem Band. Insel Verlag Frankfurt am Main und Leipzig 1986.

Jannis Ritsos · geboren 1909 in Monemvassia, gestorben 1990 in Athen

Stürme, S. 139

Aus: Jannis Ritsos, Gedichte. Ausgewählt, aus dem Griechischen übersetzt und mit einem Nachwort versehen von Klaus-Peter Wedekind. © Suhrkamp Verlag Frankfurt am Main 1991.

Eugen Roth · geboren 1895 in München, gestorben 1976 in München

Aus: Waltiere, S. 13

In: Eugen Roth, Sämtliche Werke. Vierter Band: Tierleben. Carl Hanser Verlag, München Wien 1977. Abdruck mit freundlicher Genehmigung der Erben.

Joseph Victor von Scheffel · geboren 1826 in Karlsruhe, gestorben 1886 in Karlsruhe

Der Delphin, S. 40

Aus: Joseph Victor von Scheffel, Gesammelte Dichtungen. Stuttgart, o. J.

Michael Wallner · geboren 1958 in Graz

Die Delphindompteurin, S. 102

Aus: Michael Wallner, Manhattan fliegt. © Reclam Verlag Leipzig 2000.

Anonym · Ch'ens seltsame Reiseerlebnisse, S. 25

Aus: Ch'ens seltsame Reiseerlebnisse. © Artemis Verlag AG Zürich 1946.

»Durch das Jahr«

Anthologien
im insel taschenbuch

Das Insel-Buch der Bäume. Herausgegeben von Gottfried Honnefelder. it 1041. 286 Seiten

Frische Feigen. Ein literarischer Früchtekorb. Herausgegeben von Hans Ulrich Hirschfelder. it 2646. 220 Seiten

Frohe Ostern. Geschichten und Gedichte. Herausgegeben von Franz-Heinrich Hackel. it 2372. 214 Seiten

Das Frühlingsbuch. Gedichte und Prosa. Herausgegeben von Hans Bender und Nikolaus Wolter. it 914. 238 Seiten

Das Gartenbuch. Gedichte und Prosa. Ausgewählt von Hans Bender. Mit farbigen Fotografien. it 1803. 273 Seiten

Das Herbstbuch. Gedichte und Prosa. Herausgegeben von Hans Bender. it 657. 262 Seiten

Lektüre im Garten. Ausgewählt von Franz-Heinrich Hackel. it 1967. 290 Seiten

Meine erste Reise. Sechzehn wahre Geschichten. Herausgegeben von Hans Scherer. it 2196. 197 Seiten

Narrenzeit. Geschichten und Bilder von argen Schelmen, seltsamen Käuzen und buntscheckigem Volk. Herausgegeben von Walter Gerlach. it 2274. 271 Seiten

Ostern in Rom. Herausgegeben von Stefan Janson. it 2596. 234 Seiten

NF 17/1/4.00

Das Regenbuch. Herausgegeben von Simone Frieling. it 2579. 224 Seiten

Die Rose. Herausgegeben von Beatrix Müller-Kampel. it 2619. 220 Seiten

Schwimmen. Texte und Bilder. Herausgegeben von Gisela Linder. it 2523. 140 Seiten

Das Sommerbuch. Gedichte und Prosa. Herausgegeben von Hans Bender. it 847. 230 Seiten

Ein Sommer wie im Märchen. Geschichten für den Reisekoffer, gepackt von Franz-Heinrich Hackel. it 1728. 286 Seiten

Sommerliebe. Zärtliche Geschichten für den Reisekoffer, gepackt von Franz-Heinrich Hackel. it 1728. 350 Seiten

Das Winterbuch. Gedichte und Prosa. Herausgegeben von Hans Bender und Hans Georg Schwank. it 728. 252 Seiten

Wolken. Gedanken des Himmels. Gedichte, Prosa und farbige Bilder. Ausgewählt von Charitas Jenny-Ebeling. it 1871. 246 Seiten

NF 17/2/4.00

»Das Leben lieben«

Anthologien
im insel taschenbuch

Einsamkeiten. Ein Lesebuch. Herausgegeben von Ilma Rakusa. it 1691. 230 Seiten

Glück. Erkundigungen, eingeholt von Gottfried Honnefelder. it 1459. 377 Seiten

Orte der Seele. Gedanken über das Jenseits. Herausgegeben von Hans-Joachim Simm. it 2238. 327 Seiten

Über die Freundschaft. Herausgegeben von Hans-Ulrich Müller-Schwefe. it 1783. 227 Seiten

Vom Abschied. Eine Gedichtsammlung. Herausgegeben von Margot Litten. it 694. 177 Seiten

Vom Geheimnis der alltäglichen Dinge. Gedanken, Betrachtungen und Erfahrungen. Herausgegeben von Johannes Werner. it 2172. 193 Seiten

Vom Mitleid. Die heilende Kraft. Herausgegeben von Ulrich Kronauer. it 2503. 208 Seiten

Von der Gelassenheit. Texte zum Nachdenken. Herausgegeben von Hans-Joachim Simm. it 2105. 170 Seiten

Von der Würde des Menschen. Ausgewählt von Hans-Joachim Simm. it 2545. 160 Seiten

Was also ist die Zeit? Erfahrungen der Zeit, gesammelt von Gottfried Honnefelder. it 1774. 284 Seiten

NF 18/1/4.00